散打运动教程

（第二版）

马勇志　主编

北京体育大学出版社

策划编辑：李　涛
责任编辑：潘海英
责任校对：李光源
排版设计：李　鹤

图书在版编目（CIP）数据

散打运动教程 / 马勇志主编. -- 2版. -- 北京 ：北京体育大学出版社，2024.1（2025.2重印）
ISBN 978-7-5644-3950-7

Ⅰ. ①散… Ⅱ. ①马… Ⅲ. ①散打（武术）－中国－教材 Ⅳ. ①G852.4

中国国家版本馆CIP数据核字（2023）第234505号

散打运动教程（**第二版**）
SANDA YUNDONG JIAOCHENG（DI-ER BAN）　　**马勇志　主编**

出版发行：北京体育大学出版社
地　　址：北京市海淀区农大南路1号院2号楼2层办公B-212
邮　　编：100084
网　　址：http：//cbs.bsu.edu.cn
发 行 部：010-62989320
邮 购 部：北京体育大学出版社读者服务部 010-62989432
印　　刷：北京昌联印刷有限公司
开　　本：787mm × 1092mm　　1/16
成品尺寸：185mm × 260mm
印　　张：8.25
字　　数：175千字
版　　次：2018年4月第1版　　2024年1月第2版
印　　次：2025年2月第4次印刷
定　　价：40.00元

作者简介

马勇志，回族，河北省沧州市人，武英级运动员，国家级裁判，副教授，硕士研究生。

毕业于北京体育大学武术系，现任教于清华大学体育部，已从事武术教学、训练、科研等工作20余年，在教学方面，积累了丰富的教学经验。工作期间先后获得清华大学青年教师教学优秀奖、清华大学教学优秀奖、清华大学教学成果二等奖、清华大学先进工作者、清华大学“周诒春”奖等奖项。所教学生多次在全国高校和北京高校比赛中，取得优异成绩，已毕业学生也在各自领域取得一定成就。此外，还担任着学校飞行员班的教学工作，为军队也培养了大批优秀人才。

近些年，代表国家先后出访20余个国家和地区，进行讲学，也进行中国传统体育文化的传播与推广工作。

编委会

前言

文化是一个民族的灵魂，是推动社会进步和发展的动力。党的二十大报告指出传承中华优秀传统文化，推进文化自信自强。中国武术作为中华优秀传统文化之一，是人类在不同的历史时期创造出来智慧结晶，武术在几千年的传承中蕴含了丰富的内容，发展至今有许多值得后人铭记和学习的故事。因此在新的时代，我们应该以文化自信为立足点，弘扬中国武术文化。学校的武术教育应注重学生武德的培养。武德是武术文化的精髓，蕴含了丰富的德育内容。散打是武术的重要组成部分，在武术散打实践教学中，教师要贯彻武德育人的思想，弘扬武德文化，增强民族自信心；学生通过武术散打的学习可掌握技术，树立正确的价值观、人生观、世界观。

随着武术事业的蓬勃发展，作为武术对抗形式的散打运动，越来越受到国内外广大武术爱好者的喜爱，尤其受到青少年的喜爱。目前国内大部分普通高校都开设了散打运动课程（以选修课为主），体育院校和特色院校将其设为必修课或专业课，说明散打运动非常受大学生的欢迎。散打运动作为中国武术的一部分，早已走出国门，走向世界，是世界武术锦标赛和亚运会的正式比赛项目，并于2017年成为世界大学生运动会的正式比赛项目。

清华大学体育文化底蕴深厚，也非常重视体育教育。早期的清华大学体育部，有两位传奇式人物。一位是大名鼎鼎的马约翰，他的事迹已为很多人所了解；另一位是同样在体育战线上贡献毕生精力的李剑秋，他是一位武术教育家，是把武术（当时称“国术”）这一古老的技艺引进现代学校的先驱者之一。

武术在清华大学有着悠久的历史，早在1913年，清华大学就有以西式体育训练为主的足球、篮球、棒球、田径、网球等运动，还有以开展国术为主的技击会。除了校方组织，还有学生自发组织的相关体育团体，如1913年由高级班学生发起的“武德会”，以“研究中国武术，强健身体”为目的。清华大学开展散打运动课程是在20世纪80年代，以选修课为主；学生也成立了散打运动社团。散打运动在清华大学已走过了三十余年的历程。如今，散打既是一门热门的选修课程，又是一个知名的学生社团。

学习散打，不仅可以提高学生的速度、力量、灵敏、耐力等身体素质，而且能增强身体的抵抗力和反应能力；不但能提高学生防身自卫能力，而且在培养学生机智、顽强、勇敢、果断等意志品质和武德方面，都有积极作用。

清华大学非常重视教材建设，认为高水平教材建设是建设世界一流大学的重要组成部分，是大学影响力的重要体现和重要指标之一。高水平教材既是学校人才培养的重要资源，也是人才培养水平和质量的体现，这一理念已成为共识。希望本教材的出版能对学生，以及散打运动爱好者提供帮助和借鉴，并可以有效地弥补他们在体育运动能力方面的缺憾，提高他们学习散打运动技术的效率，更重要的是能够加深学生对体育运动的热爱，养成终身锻炼的习惯。

当今，世界各国的竞争，既有硬实力的对抗，也有软实力的比拼。少年强、青年强，则中国强。实现中华民族伟大复兴的中国梦，青年一代要肩负起重大的历史责任，他们不但要有过硬的业务素养，还要有良好的道德修养和强健的体魄，更有责任和义务把优秀的中国传统文化加以继承和发扬光大。

本教材的撰写，感谢清华大学体育部领导的大力支持，感谢各位教师对我长期的谆谆教导和无私培养，也感谢同事的密切合作与付出；同时，还得到了多位专家教师的指导，还有清华大学、北京体育大学多名学生的协助，在此一并表示衷心的感谢！

由于本人水平有限，书中难免有不妥之处，敬请各位专家、同仁批评指正，提出宝贵意见。

马勇志

2023年11月

目录

第一章
散打运动概述

第一节　散打运动简介

一、散打运动的概念

散打运动是一项徒手搏击格斗的运动。它的母体是中华民族传统文化的瑰宝——武术运动。武术是以技击为主要内容的传统体育项目，散打是武术运动的一种对抗形式。

现代散打运动，是以踢、打、摔、拿为主要技击内容，在比赛规则的限制下互以双方格斗技击动作为转移的斗智、较技的对抗性体育竞赛项目。它是格斗者双方智力、体力、技术和心理意志的综合抗衡，具有高度的攻防实战性和激烈的对抗性。

二、散手与散打名称的由来

散手亦称散打，它们在现代武术术语中是表达同一个项目的两种称谓。民国时期，开始将武术徒手格斗称为散手，这一名称在民间得到广泛使用。散手是相对武术套路的固定动作而言的，表示将武术套路中固定的攻防招数拆散并运用于攻防实战，所以散手、散招、散打、拆手，实际上是不同的词表达的同一概念。从1979年开始，张文广、温敬铭等老一代武术家尊重历史的沿革，将武术徒手对抗项目仍然称为散手。2000—2004年，中国武术散打王争霸赛的举办，使“散打”这一武术徒手对抗项目在国内外产生了极大的影响。2009年，在由中国武术协会在河南郑州大学体育学院举办的“武术散手30年的历史回顾与展望”研讨会上，绝大部分与会代表建议，既然“散打”这个名称已经家喻户晓，又通俗易懂，以后应该把“散打”这个名称固定下来，以免产生概念上的混淆。

第二节　散打运动的形成与发展

一、古代时期徒手格斗技术的形成

散打运动的产生可以追溯到上古时代。原始社会时期，人们为了生存，逐渐学会了使用拳打、脚踢、绊摔、擒拿、跌扑等动作。私有制产生后，部落间、氏族间的战争时有发生，使用武力成了掠夺财富最主要的手段。在那时的自然环境中，人类为了生存和获取食物，除制造和使用简单的工具外，还必须依靠自身的徒手搏击技能与大自然斗争。但人与兽斗毕竟是生产劳动的内容，而人与人斗，则与武术徒手搏击的萌芽有着更为直接的联系。在战争中，除器械的拼杀之外，徒手搏击也不可避免，掌握一定的搏击实战技能和经验就成为当时人们保护自己、消灭敌人的有效手段，在这样的环境下武术徒手搏击得以萌芽。

到了商周时期，作为具有独立形态的武术徒手搏击，即“手搏”形成了，并成为当时奴隶主欣赏的一项活动。在商代，武舞与练武也逐渐分化，攻防格斗技术已被单独用来训练士兵。在周代，练武成为教育的一项重要内容，并有了专门的训练时间和内容。《礼记·月令》载：“孟秋之月……禁止奸，慎罪邪，务搏执。”这是西周奴隶主贵族为防止奴隶的反抗暴动，让司法人员重视搏执的练习。这表明武术徒手搏击在周代已发展到一定的水平。

春秋战国时期是奴隶制向封建制转变的时期。社会变革带来了政治、军事、经济、文化、教育、体育等方面的变化与发展，这个时期，格斗技术发展到了一个新阶段。由于诸侯争霸，攻伐激烈，为争雄称霸，各国都重视“拳勇”“技击”对军队战斗力的影响，重视技击术在战场上的应用。于是有了接近于比赛形式的“春秋角试”，每年以此来选拔士卒。这个时期军队的训练有了新的发展，无论是形式、内容，还是规模都远远超过了商周时期，当时练习的主要内容是徒手与器械的攻防格斗技术。

此时，攻防格斗的体育性质逐渐被人们认识，正如孙子指出“搏刺强士体”，比武除了较量武艺，还有增强体质的作用。这种认识上的提高，是攻防格斗技术走向体育竞技的萌芽。

秦汉时期武术徒手搏击叫手搏，比赛已较正规。秦始皇统一天下后，收天下之兵，实行在民间禁武的方针，然秦王朝两世即灭，对武术徒手搏击的发展并未产生太大的影响。在1975年湖北江陵凤凰山秦墓中出土的一件木篦上有描绘这一时期手搏的彩色漆画。画面上有三个男子，均上身赤膊，下着短裤，腰间束带，足穿翘头鞋。右边两人正在进行手搏比赛，左边一人，双手前伸，为比赛裁判。上部还有一帷幕飘带，表示这种比赛在台上进行。整个比赛画面热烈紧张，参加手搏的双方，一方横击另一方头部，另一方闪躲后，弓步冲拳还击对方头部。此时的角抵，已经具有体育竞技属性，也是娱乐的重要内容之一。

到了汉代，武术徒手搏击有了进一步的发展，汉代手搏也叫“卞”“弁”。

总体来讲，秦汉时期是“角抵”“手搏”的发展时期，秦以角抵为雅言，突出摔的方法；汉以手搏为技术，其基本特征是徒手搏击。

三国两晋南北朝时期，是一个分裂割据的动荡时代，民族战争和阶级斗争日益频繁而尖锐，使得各种武技在相互对抗、相互制约、相互影响中迅速发展，一定程度上促进了武艺的发展。同时，武术的对抗形式得到了广大人民的喜爱，加快了武术徒手搏击在民间的普及、延续和发展。

隋唐五代时期是武术的大发展时期。尤其是唐代，社会经济文化高度发展，是一个空前繁荣的历史阶段。这时有了武举制，既促进了武术向精练化、规范化发展，又促进了武术在民间推广，从而激发了更多民众的习武热情。这一时期，手搏和角抵倍受重视，比赛几乎形成制度。《隋书》记载了当时比赛的热闹场景，在大业六年，来自各地的高手云集在端门街各献“天下奇技”，一比就是几天，甚至“终月而罢”。

南宋和北宋，由于内受封建军阀统治，外受强敌侵扰，民间练武成风。当时在京城护国寺南高峰搭起了“擂台”（当时叫献台），各道郡臂力高者都来较量。比赛规定不准“揪住短儿”“拽起裤儿”，可以“拽直拳、使横拳”“使脚剪”。这表明，宋时手搏已有一定程度的规范。徒手攻防格斗活动的健身和娱乐功能，在宋朝到明朝的著作中都有反映。当时，手搏为群众所喜闻乐见，成为文化生活的组成部分。

元代，由于统治者禁武，严禁民间持有兵器习武，为防止人民反抗，对民间武术倍加摧残，但无数次的起义又推动了民间武术搏击的发展。民间武艺也多以秘密家传方式在暗中传授。元代统治者虽然对民间武术百般摧残，但在军队却开展骑、射、摔跤等项目，以保持军队的精锐。从历史角度来看，对抗性的比武（如手搏、摔跤、器械等）有所发展。元代角抵盛行，在《元史》中同样也有手搏的记载。

明代是中国古代武术承上启下的重要发展时期，也是民间武术进入全面成熟的时期。此时手搏多称为“白打”或“搏击”。比赛称为打擂台，赛前先设擂主，由擂主安排好高手准备应战。当时手搏虽不断发展，但仍没解决安全问题，为了避免纠纷，赛前双方先要立好生死文书，否则不准上台比武。明代武术家、军事家戚继光说：既得艺，必试敌，切不可以胜负为愧为奇，当思何以胜之，何以败之，勉而久试。怯敌还是艺浅，善战必定艺精。古云“艺高人胆大”，信不诬也。这里所说的“艺”即搏击技法，而不是花套。“试敌”，即手搏，要求习武者得艺还要手搏，由手搏来提高艺的水平，说明在学习武术徒手搏击或套路时，要掌握招法，然后使这些招法能够在实战中运用，这样才不至于是花拳绣腿。

清代前期，是民间武术蓬勃发展的又一个新的历史阶段，伴随着农民运动及秘密结社组织的发展，出现了不少练武的“社”“馆”，同时也出现了一些门派及理论，创新出许多武术套路及多种练功方式。到了清代后期，人们开始重视武术的健身、防身、自卫、修身养性的作用。这种发展趋势，加速了武术体育化的进程，开辟了武术在体育领域广泛发展的前景。

二、近代武术散打的发展

民国时期，习武开禁，拳技之风蓬勃一时。这一时期，虽然受到军阀割据、连年战火的影响，武术的发展仍出现了新的趋势。民间出现了许多拳术社、武术会。武术大师霍元甲在上海创立了精武体操学校，后改为精武体育会。河北人马良创编并推广了中华新武术，中央国术馆也相继成立。中央国术馆的成立具有里程碑式的意义，它在继承和发展武术上起到了积极作用。

1928年10月，中央国术馆在南京举行了第一届国术国考。国考设有拳脚（即散打）比赛，这次比赛不分级别、不分流派、不戴（带）护具；不准攻击眼、喉、裆部，三局两胜，采取双败淘汰制。虽然竞赛规则简单，但开创了近代武术徒手搏击（散手）对抗赛的先河。

1933年举行的第二届国术国考，大部分省市都派代表队参加。当时的拳脚比赛以点到为止，没有时间限制，凡用手和脚踢中对方任何部位为得一点。因此，对手为了在比赛中多得点，用脚尖踢中对方或以手摸到对方的头发也算得一点。由于当时比赛规则不规范，双方皆不轻易出动作，在场上躲躲闪闪、蹦来蹦去，当时报纸的评论是“国术场成了斗鸡场”。

1929年，在浙江举行了国术游艺大会，其中参加散手比赛的有125人，由于比赛规则漏洞百出，规则边打边改。

1933年，在南京举办的“全国运动大会”，仍设有散手比赛项目。这次比赛按体重分级，并使用护具；头和裆部是禁区，击中者算作犯规；将对方击倒胜一局，三局两胜，没有时间限制。比赛近乎摔跤，一对选手比赛有的竟长达1小时。当时报纸又评论说“国术场成了斗牛场”。

三、新中国成立后武术散打的发展

新中国成立后，武术作为中华民族文化遗产正式被列为推广项目，随后在研究发展重点上，武术套路运动形式得到推广，并作为竞赛表演的重点。但散打运动在民间仍有流传。1979年3月，随着全国“武术热”的兴起，为了破除迷信、玄学，使武术攻防格斗技术在比赛的实践中得到检验和发展；丰富武术套路内容，加强攻防意识，提高套路演练质量；吸引更多的青少年参加武术活动，全面继承和发展武术这一宝贵文化遗产，当时的国家体委决定首先在浙江省体委、北京体育学院和武汉体育学院三个单位进行武术对抗项目的试点训练，以取得经验后全面铺开。同年5月，在南宁市举行的全国武术观摩交流大会上，上述单位做了汇报表演。在同年9月举行的第四届全运会期间，国家体委又调浙江省体委和北京体育学院的散手代表队赴石家庄赛区，与河北省体委选拔组成的散手队进行公开表演。1980年5月，在太原市举行的全国武术观摩交流大会上，进行散手表演的省市越来越多，北京体育学院和武汉体育学院还进行了内部交流，互相学习。同年10月，国家体委调集了散手试点单位的有关人员开始制定散手竞赛规则，经过广泛听取意见后，拟定了《全国散手竞赛规则》（征求意见稿）。1981年，在沈阳市的举行的全国武术观摩交流大会上，北京体育学院与武汉体育学院进行了第一次公开表演比赛。1982年，国家体委又调集有关人员制定了《武术散手竞赛规则》（初稿），并按这一规则，在北京举行了全国武术散手邀请赛。

自此，本着“积极、稳妥”的精神，全国性的武术对抗项目（散打）表演赛每年都举行一次，以不断总结经验，完善规则。1985年，在南宁市举行了首届全国公安武警系统的武术散手比赛，从此武术散手成为公安武警系统每年一次的正式比赛项目。1987年，全国武术对抗项目表演赛采用了设台比武的办法，确定了以擂台为特色的武术对抗项目竞赛形式。

1988年，在由中国武术研究院、中国武术协会主办的国际武术节上首次举办了国际武术散手擂台邀请赛，来自15个国家和地区的近60名运动员进行了为期3天的激烈角逐，中国队获得了7个级别中5个级别的冠军。这一竞赛形式和办法被参加比赛的国外朋友所接受，反映说“中国散手安全、有特色”。这标志着武术散手已经走向现代体育竞技的舞台。

通过10年的实验、研究和总结，散打项目的竞赛训练、裁判规则日趋完善。1989年，国家体委将武术散打确定为国家正式竞赛项目，同年10月，在江西宜春市举行了第一届全国武术散打擂台赛。1990年，《武术散手竞赛规则》正式出版，同年14名武英级运动员和第一批国家级武术散打裁判员得到批准，同时比赛的评分也采用了电子计分器，标志着散打从表演时代进入了正规化的武术散打比赛时代，这为散打的发展开创了新的历程。1991年，全国武术散打比赛分为上半年举行的全国武术散打锦标赛（团体赛）和下半年举行的全国武术散打冠军赛（个人赛）。同年，散打成为世界武术锦标赛的正式比赛项目。1993年，在第七届全国运动会上，散打首次被列为正式比赛项目，设团体金牌1枚；1997年，在第八届全国运动会上，散打项目金牌增加到3枚。各省市及行业体协先后成立了散打专业队和集训队，国家体委直属六大体育学院也开设了武术散打专业，各地方武术馆、体育学校习练散打的学员层出不穷，散打运动在群众中已有广泛、深厚的基础。1998年，散打被列为在泰国曼谷举行的第13届亚洲运动会的正式比赛项目。2000年，经国家体育总局批准，由国家体育总局武术运动管理中心组织举办了中国武术散打王争霸赛，全国各体育协会及省市专业运动队纷纷报名参加。散打王争霸赛奖金丰厚，赛事宣传、组织具有现代水平。主办者在比赛护具和比赛规则上进行了大胆的创新，将散打比赛护具改为点护式，即取消原来的护胸、护腿、护头，比赛时运动员只穿护裆，戴护齿、拳套；并且在原来散打擂台的基础上设立了围绳，缩小了比赛场地，将比赛改为五局。这大大增加了比赛的对抗性和精彩程度，散打王争霸赛的成功举办标志着武术散打已向职业化道路迈进。

2002年，由国际武术联合会组织在中国上海市举办了第一届世界杯武术散打比赛，比赛，共设11个级别，十几个国家和地区选派优秀的运动员参赛。我国选派8名运动员参加比赛共获得6块金牌。世界杯武术散打比赛的成功举办标志着中国武术散打向国际体坛的全面进军。

随着散打运动的发展与普及，散打已进入普通高校，成为大学生喜爱的项目。现在每年都举办全国大学生武术散打锦标赛，在中国大学生体育协会的领导下，大学生散打比赛的其他赛事也正在积极推进。2016年，散打被列为2017年世界大学生运动会的正式比赛项目。

第三节　散打运动的特点

经过30多年的发展，散打项目已形成集踢、打、摔三种进攻技术于一体的格斗项目，已经具有了独特的技术风格。散打项目的形成与发展融千年传统武术精华与现代体育文明于一体，成为中国当代武术运动的重要组成部分。散打既有别于其他体育项目，也有别于世界各国流行的技击术，具有以下特点。

一、民族性

武术散打是中华优秀文化遗产，是在中国特定的历史条件下逐渐演变发展形成的，因此它具有鲜明的民族特色。在技术上，踢、打、摔三位一体立体进攻的模式基本体现了中国武术远踢、近打、贴身摔的全面、灵活、多变的综合格斗技术特点。散打继承了中国古代民间传统武术“打擂台”的形式，比赛沿用三局两胜的比武传统。

散打的民族性还表现在对运动员的武德教育方面，要求凡是参加散打训练的运动员“未曾学艺先学礼，未曾习武先习德”，将武德礼仪教育贯穿散打教学、训练的始终，内化成为运动员自身的需求。“德艺双馨、内外兼修”等范围广阔的武德规范，赋予散打与其他搏击类项目截然不同的思想内容，体现了中华民族特有的文化内涵和精神气质。

二、体育性

散打属于体育范畴，与各运动项目相同，这是其共性。但它既突出地反映出武术的特殊本质——技击性，又有别于过去的武术技击中一招制敌的搏击术，已经具有鲜明的体育特征。现代散打技术从传统武术中吸取精华，又从体育的观点出发，已形成散打竞赛规则。规则规定了禁击部位及比赛时必须穿戴护具，比赛以判定胜负为目的，遵循公平、竞争、健康、安全的原则。现代散打的技法是以增强体质、交流技艺、防身自卫为练习目的的。所以说，武术散打是在比较安全的规则下进行攻防的，虽具有较强的攻防技击性，但又与实用技法有所区别，因此现代散打运动是技击与体育的完美结合。

三、对抗性

对抗性是武术散打的基本特征。散打突出了武术的本质——技击性。如何在规则规定的范围内，最大限度地发挥人类自身的搏击潜能，是散打追求的目标。比赛双方在规则限定的范围内，没有固定的动作顺序，运用踢、打、摔技术，互以对方技击动作而转移，通过互相斗智、较技来战胜对方。运动员除了掌握一定的攻防技术动作，还要掌握运用技术进攻对方的时机，更要有敏锐的观察、快速的反应及敏捷的应变能力。

第四节 散打运动的作用

一、提高素质，健体防身

散打运动较力、较技、斗智、斗勇，对抗激烈。长期从事散打运动，可全面改善和发展人的身体素质，特别是对提高神经系统的灵活性有较大的帮助和明显的作用。它对提高人体的速度、力量、灵敏、耐力、柔韧等身体素质，提高内脏器官的机能水平也有较大的帮助和明显的作用。

散打的实用性源于其强对抗性，并在交手比试中不断体验战术的运用，提高应变能力。散打已经成为中国实用武术的代名词，因此，散打运动也成为公安、武警、特警和涉及安全保卫工作的人群首选的搏击运动。散打的实用性还体现在不同实战条件下，踢、打、摔三类技术的不同使用，如果再配合以近距离的擒拿格斗，实用性将更加突出。

二、锻炼意志，培养品德

散打训练对人的意志品质考验是多方面的。如功力练习要克服疼痛难忍关，从不适应到适应。交手时，首先要克服胆怯怕打关，逐步增长勇气。比赛中遇到强手时，要克服消极逃脱关，敢于拼搏，提升以弱胜强的智慧。耐力训练或比赛到最后一局时，要以顽强的毅力坚持到底，以及在比赛中正确对待胜负的心理锻炼等。经过这些锻炼，可以培养人的顽强、果断、坚毅的精神，还可以培养吃苦耐劳、积极向上、勇于进取的品质。

散打训练的过程也是武德修炼的过程。练习者将尊师重道、团结友爱、恪守承诺、见义勇为、遵纪守法和社会责任感内化为自身的行为规范，违背武德规范的行为为散打界所不容。教师的师德风范、平时的为人师表，使学生在亲师信道中完成技术的进步和人格的提升；在训练过程中，队友之间彼此协作、互相帮助、互相学习、切磋技艺等是完成训练任务的必备条件。在训练和比赛中，培养胜不骄、败不馁的谦逊品德，针对训练中难免因失误而磕碰的现象，提倡互相爱护、团结友爱的精神。长期的散打训练能培养人宽厚、宽容的良好品行，也能培养尊重对手、爱护对手的品质，从而形成健康的人格。

三、竞技观赏，丰富生活

武术散打有着广泛的群众基础和旺盛的生命力，比赛紧张激烈。激烈的对抗性具有很高的欣赏价值和娱乐功能，它能满足人们不同层次的精神需求。武术对抗形式的比武，历来为人们所喜闻乐见，许多古籍史料和文学名著中有关散打的描述，围观者都是“人山人海、群情沸腾”。自1979年以来，全国性和各地举办的散打比赛、擂台赛都深受群众欢迎。在丰富文化生活的同时，运动员在比赛中所表现出的坚韧不拔的意志品质、拼搏向上的竞技精神也会给人一种启发。

散打运动能给练习者带来快乐。散打运动可以给练习者带来自强和自信。散打运动可让练习者感受到强者的风范，给练习者带来丰富的精神食粮和强健的身体，这是极大的“自娱”。散打训练能释放和缓解生活的压力，使练习者在散打训练后有一种被释放的“愉悦感”，这对练习者的身心健康大有益处。

四、交流技艺，增进友谊

散打本身所具有的社会影响，很容易成为人们普遍关注和讨论的话题。散打也是一种交流，它通过切磋技艺来进行沟通，在共同的志趣和爱好的基础上开展交流，更容易拉近彼此的距离。

散打作为中国武术的组成部分，具有深厚的文化底蕴，是中华民族传统文化的瑰宝。散打在练习和传授的过程中，能促进文化的交流。散打还是向世界展示中华民族传统文化的一个窗口，通过对外交流可以让更多的人了解中国文化，同时也能增强民族凝聚力和自豪感。

第五节　武术散打礼仪

散打礼仪是练习者在训练和比赛中共同遵守的最基本的道德行为规范。行礼是练习者遵守、执行礼节礼仪的专门方式，是文明礼貌的一种体现。

一、散打礼节

1. 抱拳礼

并步站立，左手四指并拢伸直成掌，拇指屈拢；右手成拳，右拳面贴左掌心，右拳眼斜对胸窝；两臂置于胸前屈臂成圆，肘尖略下垂；拳、掌与胸相距20~30厘米。头正身直，目视受礼者。(图1）此礼节在竞赛、表演、训练活动中应用。

图1

拳礼的含义：左掌表示德、智、体、美、劳“五育”齐备，屈指表示不自大，不骄傲；右拳表示勇猛习武，左掌掩右拳相抱，表示“勇不滋乱”“武不犯禁”；左掌与右拳拢屈，两臂弯曲成圆，表示以武会友，五湖四海，天下武林是一家；左掌为文，右拳为武，表示文武兼备。

2. 鞠躬礼

并步站立，两手垂置于体侧，手心向内贴于大腿外侧，上体向前倾斜15度。（图2）此礼节用于见到师长时、在上课手持器械时或在公共场合不便行抱拳礼时。

3. 站姿礼

抬头、挺胸、收腹，两脚并拢；两肩下垂，两手紧贴裤缝，目视前方。（图3）此礼节用于上课过程中的集合整队时（师生同礼）、在教师讲解示范时。

图2

图3

4. 蹲姿礼

两腿下蹲，右脚前脚掌支撑，大、小腿叠拢；左脚全脚掌支撑，小腿与地面垂直，重心落于右腿。躯干直立，肩部放松，头正颈直，两手自然置于膝关节上，目视前方。（图4）此礼一般用于教师叫停或暂停休息并指导学员时、教师讲解示范时。

5. 坐姿礼

两腿盘坐，躯干直立，肩部放松，头正颈直，两手自然置于膝关节上，目视前方。（图5）此礼节用于教师讲解示范或暂时休息时。

图4

图5

二、散打教学礼节

武术课堂是一个严肃的教育场所，师生要用武术礼仪的标准来约束自己，言行有礼。

1. 技术教学、训练礼节

上课时，班长或值日生整队集合（每个学生之间相距10厘米），清点人数完毕，向教师（教练）报告时，师生均行抱拳礼。教师向学生问“同学们好”的同时，行抱拳礼。学生在回答“教师好”的同时，行抱拳礼，然后落手立正。礼毕，上课开始。

下课时，教师向学生说“同学们再见”，学生在答“教师再见”的同时，行抱拳礼，落手站立，然后学生再落手立正。礼毕，师生下课。

2. 理论课堂礼节

当教师走向讲台时，班长发口令——“起立，敬礼！”，学生起立行鞠躬礼。教师看学生已行礼端正，亦行鞠躬礼答谢。班长发口令——“坐下！”，学生就座，教师开始授课。

下课时，教师说“下课！”，班长发口令——“起立，敬礼！”，学生起立，行鞠躬礼。教师看学生都已行礼端正，亦行鞠躬礼回谢。礼毕，下课。

三、散打竞赛礼节

1. 运动员礼节

听到鸣哨后，运动员向自己的教练行抱拳礼，然后上场；听到场上裁判员口令后，两名运动员分别向裁判长和观众行抱拳礼，在指定位置互相行抱拳礼；每局比赛结束后，两名运动员向对方行礼；每场比赛结束，场上裁判员宣布比赛成绩，两名运动员与场上裁判员站成三角形，向场上裁判员行抱拳礼，然后相互行礼，并转身向对方教练行礼。

2. 裁判员礼节

裁判员穿着统一服装，佩戴统一裁判员标志。比赛开始，广播员介绍技术监督委员会成员时，成员起立行抱拳礼。介绍仲裁委员会成员时，被介绍者原地行抱拳礼。当介绍总裁判长、裁判员时，被介绍者左脚向前一步，右脚跟上并步站立，行抱拳礼；礼毕，右脚后退一步，左脚向后与右脚并步站立。

在比赛开始或结束时，当运动员向裁判员行抱拳礼或鞠躬礼时，裁判长应点头示意，以示还礼。

第二章
散打运动教学与训练

第一节　散打运动教学

散打是运用踢、打、摔的方法全方位进行攻击的激烈对抗性项目，运动员损伤时有发生。因此，尽量减少和杜绝伤害事故的发生是散打教学课中的主要任务之一。教师要经常对学生进行安全教育，要求学生严守课堂纪律，在练习时使学生明确练习的目的、任务、方法和要求。无论是教学的组织，还是采用的练习形式和方法，都要落实安全教育原则。如认真检查场地器材安全性；学生充分做好准备活动；在双人配合练习时，严格按照教师的要求进行；实战练习时，合理安排配对等。

一、散打运动教学原则

教学原则由散打运动教学实践经验总结而成，反映散打运动教学活动的一般规律。它是教学工作所必须遵循的基本要求，运用好教学原则对教学训练具有较为直接的现实意义。

1. 贯穿武德教育原则

散打练习是以双方格斗的形式进行的，但不管怎样激烈，都是以提高技艺和磨炼意志品质为目的的。因此，练习或比赛前后都一定要向对方敬礼，即散打运动始终倡导“以礼始，以礼终”的尚武精神。散打运动训练是非常艰苦的，可以磨炼出学生理想的人格和体魄，使学生具有为国争光和为国献身的精神，形成顽强拼搏、勇于战胜困难和富有创造精神的意志品质，从而不断塑造学生良好的武德。

2. 直观性原则

散打运动可以让学生尽量利用视觉、听觉、触觉等感知而获得生动、鲜明的形象，丰富学生的感性认识和直接经验，加深对所学知识、技术和战术的认识，发展学生思维能力，从而获得运动技能；利用完整示范、分解示范、正面示范、侧面示范、背面示范、正误对比示范、边讲解边示范等不同的示范方法，建立完整的动作概念；运用讲解、口令、提示、要求、比喻、反问、提问等语言进行启发式教学，加深学生对内容的理解；还可运用电子化教学手段，使学生建立完整、正确的动作形象概念。

3. 教师主导性和学生主动性相结合原则

教师发挥主导作用，是指教学的方向、内容、方法和组织都要由教师来设计和完成。教师不仅要指导学生独立思考、自主学习，而且在大多数情况下要言传身教。学生作为认识和发展的主体，要明确学习目的，树立为体育事业献身的意识，积极主动而不是消极被动地学习；教师应以表扬和鼓励为主，采用表扬与批评相结合的教育方法，使学生把所学知识和技能转化为自己的能力，对所学内容要真正理解和善于运用。

4. 循序渐进原则

循序渐进原则是指按照科学的逻辑系统和学生认知规律进行教学，使学生系统、有效地掌握知识、技术和技能。贯彻循序渐进原则，要遵循教学大纲，系统进行教学；要从学生原有水平出发，由浅入深、由易到难、由简到繁，通过日积月累，逐步深化认识规律。循序渐进原则要贯彻到教学工作的各个环节中去，从教材到每节课的组织实施，要精心安排每节课的教学内容、练习方法和运动负荷，并注意各技术之间、技术与战术、理论与技术的有机联系。由于技术的难度和人的接受能力的差异，不同的教学对象对教学内容的理解不同，在贯彻循序渐进原则时，防止机械化、形式化教学，在教学过程中要随时观察和了解学生，掌握情况，及时调整不合适的教学内容和方法。

5. 因材施教原则

教师要从学生的实际情况、个别差异出发，有的放矢地进行有差别的教学，使每个学生能扬长避短、获得最佳的成绩。根据教学任务、内容、条件等，运用适当的组织教法，使学生全体和个人都能得到最好的发展。贯彻因材施教原则，应深入调查，全面了解：首先，要了解全班学生的基础、接受能力、智力水平、学习态度、思想作风等；其次，要了解学生的个性特点、身体素质、专项基础水平、心理状态、兴趣爱好与擅长及不足之处等个人特点。从实际出发，有针对性地教学，选择适宜的教学方法，使每个学生都能得到应有的发展。

6. 巩固性原则

在教学中，老师要引导学生在理解的基础上牢固地掌握知识和技能，将其长久保持在记忆中，并能根据需要迅速地再现出来，以利于知识技能的运用。巩固知识和技能的主要方法是复习和练习，复习和练习的形式应该多种多样，并且富于变化，有时候有必要简单、重复地复习已经学过的知识和技能；但更重要的是运用已经学过的知识和技能来提高新的技术或解决实际问题，使知识和技能在反复练习中达到新的高度，使运动技术水平达到熟练和自动化程度，形成牢固的技术定型。

二、散打运动教学步骤

在教学过程中，无论是单个的基本动作，还是完整的技术动作，以及几个技术动作组成的组合动作，都要分学会、喂引、实战三个步骤来完成。学会和喂引是教学的过程，能在实战中运用是教学的最终目的。

1. 学会动作

学生在教师的指导下初步学会动作，对动作的运行路线、发力顺序、击打力点等有一个感性认识。这时学生的条件反射刚刚建立，还不牢固；教师在教学中不要过多强调动作细节，要抓住技术的关键，多运用示范讲解等方法帮助学生对技术动作有一个初步认识。

2. 强化技术及用力技巧

初步掌握动作之后，教师要引导学生认真体会动作要领和用力技巧，消除多余动作，帮助学生不断改进动作细节，使动作做得更加协调、完整和准确；并通过反复练习，不断强调攻防意识，强化条件反射。

3. 配合运用

初步建立正确的动力定型之后，为了达到进一步强化和巩固的目的，可有针对性地采用两人配合练习。配合练习要根据不同的教学阶段和目的提出不同的条件限制，从单个技术到组合技术的运用，包括用力的大小、速度的快慢等一定要适度，一定要符合对方的能力和水平，循序渐进。任何过高或过低的条件限制都不会达到最佳的教学效果。

4. 条件实战

对动作有了一定理解和掌握后，可在一定的条件限制下进行实战练习、条件实战。实战练习、条件实战要根据学生的实际情况和练习的目的选择相应的实战内容。在不同的条件下，老师要培养学生对不同的技术、战术的理解和运用能力，培养对距离、时机、空间的精确感觉和把握能力，培养在散打实战中特有的反应能力，进而为学生能完全过渡到实战打下良好的基础。

5. 实战

实战是技术学习的最高阶段，也只有通过实战才能真正检验动作的质量和教学效果。实战可以不断锤炼对技术动作的把握程度和运用能力。在实战中，教师要引导学生学会自我分析，提高总结的能力，找出自己的不足，不断提高自己的实战技能。

三、散打运动教学方法

1. 讲解教学法

讲解是教学中运用语言法的一种主要的、普遍采用的形式。它主要是指教师用语言向学生说明教学任务，动作名称和作用，完成动作的要领、方法、要求等；通过语言指导学生进行学习，掌握动作技术技能，同时也使学生获得有关散打知识。

讲解的主要内容如下。

（1）动作名称、规格要求及运行路线，还有动作要点、身体各部位的要求等。

（2）讲解动作的攻防用法，分析动作的攻防距离、力点以及实战运用的时机。

（3）动作的易犯错误及纠正方法。

（4）讲解动作的练习方法和手段。

讲解的要求如下。

（1）讲解要简明扼要，重点突出，逻辑性强；语言要生动形象，富有启发性。

（2）讲解应根据不同的教学步骤有所侧重，做到有目的、有针对性地讲解。

（3）讲解与示范要有机结合，充分发挥学习者的视觉、听觉等多种感觉的综合功能。

2. 示范教学法

示范是学生通过视觉、观察、认识动作的最生动具体的方法，在散打教学中尤为重要。技术动作示范可使学生形象地了解所学动作的结构特征、技术要点和完成技巧等，从而较快地建立动作表象。好的示范还能进一步激发学生的学习兴趣。

示范的要求如下。

（1）示范要正确、熟练，教师在做示范时要切实保证动作的质量，做到协调、流畅，从动作的路线、发力到身体的配合等都要准确无误。

（2）示范要有针对性。首先要针对学生的实际情况做示范，其次是根据不同的教学阶段和目的进行示范。

（3）示范方法要多样。根据学生的实际情况和教学目的的要求，教师要灵活选择相应的示范方法，如对于简单的动作和基础较好的学生，可采用完整示范；对于复杂的动作和基础较差的学生可采用分解示范；为了便于观察，可采用慢动作示范；为了加深对正确与错误动作的认识，可采用两种动作的对比示范等。

（4）示范要有利于学生观察。示范应以全体学生都能看得到为原则，灵活选择和运用不同的示范位置和示范面。

（5）示范与讲解、启发学生思维相结合。示范常常结合讲解进行，有的先讲解后示范，或先示范后讲解，或边讲解边示范，二者互为补充，相得益彰。

3. 完整教学法

完整教学法是从动作开始到结束。不分部分和段落，完整而连续地进行教学和练习的方法。完整教学法的优点是：能保持动作结构的完整性，易于形成动作技术的整体概念和动作间的联系。其缺点是：不易掌握高难度动作中的关键环节和要素。一般来说，较简单的容易掌握的动作和不易分解的动作可多采用完整教学法，对基础较好的学生采用这种方法也较多。

完整教学法要求如下。

（1）突出教学重点，科学把握好动作的节奏。

（2）学生在初学时往往不易高质量地完成动作，这时可适当降低要求，学生有了一定的基础后再逐渐提高质量，以利于学生早日建立对动作的条件反射。

（3）对于复杂的动作常常先进行分解练习，学生对动作的各个要素比较熟练时，再将它们组合在一起完整练习。

4. 分解教学法

分解教学法是从掌握完整动作出发，把完整的动作按其技术结构分成几段或按身体的活动部位分成几部分进行的教学和练习，最后达到完整地掌握动作的方法。分解教学法适用于动作较复杂而又可分解，但用完整法又不易掌握的动作或动作的某部分需要较细致地学习时采用。

分解教学法的要求如下。

（1）划分动作要遵从人体的运动规律、动作的结构特征，使动作易于衔接和连贯。

（2）在进行动作划分时，教师要对学生讲明各个段落或部分的动作要求，以及它们之间的相互关系。

（3）散打教学不宜将动作分解得过于零碎或较长时间地进行分解练习，当学生通过分解练习初步掌握动作后，应尽快向完整动作过渡，否则不利于动作的连贯性。

5. 预防和纠正错误动作的方法

预防和纠正错误动作的方法是教师为了防止和纠正学生在练习中出现的错误而采用的方法。在散打教学中，错误动作的出现是不可避免的。但是，一旦让错误动作形成动力定型就可能要付出更多的精力去纠正，因此，及时对错误动作进行预防和纠正是至关重要的。预防和纠正错误，首先要分析产生错误的原因，然后根据原因予以预防和纠正。产生错误的原因主要有：对正确技术动作不了解；身体素质差，不协调；组织教法不当；学生的心理承受能力差等。

根据错误产生的原因，采用以下方法进行纠正。

（1）提高动作的示范与讲解的质量，使学生准确地建立正确的动作概念。明确完成动作的顺序、要领和要求，明确动作的关键，建立清晰的动作表象，要善于利用各种诱导性练习、转移性练习和启发性的语言来预防和纠正错误的动作。

（2）根据学生的实际情况，可适当降低动作的要求，进行一些专项素质练习，选择辅助性的练习手段进行过渡性练习等。

（3）根据动作技能的形成规律，认真钻研教材教法，合理安排教学过程，同时全面细致地了解学生，并根据错误的性质有针对性地采用切合实际的教法。

（4）合理安排负荷，避免疲劳发生。排除环境的干扰，采用暗示、转移等方法集中学生的注意力，提高学生的自控能力，克服不良因素的影响。

（5）抓住主要矛盾，纠正主要错误动作，纠正时要讲明道理，循循善诱；及时进行强化训练，巩固正确的条件反射。

6. 组织练习

通过讲解和示范、完整和分解教学使学生初步学会动作后，教师就要组织他们进行反复练习，以使他们正确地巩固和掌握动作。在练习过程中学生要不断地巩固正确动作，纠正错误动作，逐步形成正确的动作定型。组织学生练习的方法，通常有以下三种。

（1）集体练习。在教师领做和口令指挥信号指示下，学生做集体练习。领做也是示范的一种形式，要注意示范面、示范位置的合理选择。口令指挥时，口令要短促、洪亮，还可穿插简明扼要的讲解提示。

（2）分组练习。学生初步掌握动作后，可以进行分组练习。分组练习可以使他们在组内研究分析、互教互学，把动作分析得更细致些。还可以组织各组之间互相学习观摩，取长补短，充分发挥他们的主观能动性。教师要注意，各组的小组长要指定工作认真负责和技术掌握较好的学生担任，也可让班内骨干兼任。各组的成员，要把掌握动作较好的与差些的混合编组，以便在组内互相帮助。

（3）个别练习。在集体练习和分组练习时，教师要注意观察，还会有个别学生仍不能正确学会动作，这时教师要对他们进行个别辅导，以免掉队。

在组织学生集体练习时，教师要通过观察，善于抓住共性的错误，通过正确动作示范和错误动作表述，启发学生认识、分析什么是正确的动作、什么是错误的动作，然后集体纠正。在分组练习时，教师要及时指出哪些动作正确、哪些动作不正确，以便组内互相纠正错误；还可以组织小组之间互相观摩，识别正确与错误动作，提高他们的分辨能力，充分调动其主观能动性。

第二节 散打运动训练

一、散打运动训练的原则

1. 全面系统性原则

全面系统性原则是指持续、全面、循序渐进地安排散打训练内容，组织散打训练过程的训练原则。由于散打竞技能力是由多方面因素共同发挥作用的，因此长时间、有序安排训练内容，才能攀登运动高峰。运动训练本身就是一个长期训练积累的过程，需要不断地增加运动负荷和强度，提升运动竞技能力。

散打运动要求运动员必须具备全面素质即身体素质和心理素质。从身体素质来讲，散打运动员在速度、力量、柔韧和耐力几方面必须全面发展。散打运动斗智斗勇，技术上相生相克。扬长避短、克敌制胜需要运动员具备良好的反应能力和灵敏素质。快速协调的组合技术、高速连贯攻防转换和身体移动是优秀散打运动员必须具备的素质。还有优秀的柔韧素质、良好的耐力素质也是散打运动员完成竞技、战术的保证。

良好的心智是散打运动获胜的关键。快速的攻防转换没有细致的观察，思维的灵活是无法做到的。能及时发现对手的弱点和破绽，找到获胜的机会，没有良好的心智水平也是无法完成的。用“失败是成功之母”来比喻散打运动员的成长历程再贴切不过。正是在不断失败中汲取经验来完善自身技战术体系，从而实现自我超越并为最终的成功打下良好基础。因此，散打运动员必须拥有或练就超强的心理素质，才能奋发图强、越挫越勇。

所以，散打运动训练必须坚持全面系统性原则。

2. 适宜负荷原则

适宜负荷原则是指根据散打运动员竞技能力需要，从运动员自身的实际和人体技能适应规律出发，训练中给予适宜的负荷，以取得理想训练效果的训练原则。

运动员在承受一定的运动负荷后会产生相应的训练效应，运动量或强度过大则会产生劣变，运动强度过小则不能引起机体必要的应激反应。只有适宜的负荷才能取得较好的训练效果。

负荷的量和强度构成了负荷的整体，它们相互依存而又相互影响。任何负荷的量都以一定的强度为条件而存在，任何负荷强度又都以一定的量为其存在基础。根据不同训练目标安排散打运动员不同训练内容的量与强度体现散打教练的训练水平。

3. 周期性原则

周期性原则指在散打训练中周期性地组织运动训练过程的训练原则。依据散打运动员生理节奏、竞技状态形成与发展的周期规律，以及运动竞赛安排的周期性特点，按一定的动态节奏，循环往复、逐步提高训练内容的负荷。

散打运动是一门要求运动员综合能力很强的运动项目。在训练中，运动员心理、智力、技术、战术、体能等多种要素只有得到综合发挥才能取得优异成绩。各种能力的形成具有自身的规律，因此，散打训练的内容安排就格外重要。除了按照竞技状态形成的一般规律来安排训练内容，还要根据各个要素形成的规律周期性地安排训练内容，不断反复强化训练效果。各要素周期的安排则根据其自身特有规律。例如，力量素质练习一般隔天练习最好，耐力练习一周至少要有一次，动作技能的形成需要反复不断强化，战术意识培养每次课都有不同侧重，心理素质培养需要通过一周（最多不超过两周）一次的实战来不断锻炼和强化适应。螺旋式上升、波浪式前进是散打训练周期性的体现，每一周期训练内容安排需要教练在敏锐观察和客观评价的基础上来制订和调整。

4. 区别对待原则

在心理状态、身体形态、心理、智力、技术、战术、体能等各方面，个体之间本来就存在巨大差异，散打运动员也不例外。区别对待原则就是针对不同运动员、不同的训练状态、不同的训练任务与训练条件，应当安排相适应的过程和选择相应的训练内容的训练原则。

针对散打运动员不同个体间存在的差异，安排训练过程是取得理想训练效果的必然要求。这就要求教练处理好个体指导与集体练习的关系。首先，运动员的性别、生物年龄、训练年龄、竞技水平、生理与心理特点、身体状态、竞技心理状态等方面的差异都对训练安排提出不同要求；其次，同一运动员的训练状态在不同阶段、不同训练环境、不同训练条件和身体状态表现上也对训练内容与组织实施提出不同要求。

教练要熟练掌握和运用区别对待原则，还需处理好组织训练时集体练习与个别指导的关系。集体训练中有针对性地安排必要的个人练习，在指导个人练习时又要兼顾运动队整体的训练效果。在进行个别指导时，教练要围绕影响运动员竞技能力的几个主要因素及时掌握运动员各方面具体情况，包括身体形态、身体素质、身体机能等变化，运动员承受负荷情况及训练状态都要及时进行记录建档，为安排针对性训练提供依据。

5. 针对性训练原则

攻防与转换是散打运动的本质特征，是制胜规律的核心要素。散打运动训练就是根据运动员攻防及其技术风格特点安排训练内容、根据对手的竞技能力构成特点安排技战术，从而扬长避短、克敌制胜。

进攻与防守作为构成散打运动的矛盾双方，也存在相互依存的矛盾关系，双方此消彼长。其中进攻是矛盾关系发展方向的决定因素。进攻的效果取决于对手的防守措施是否得当和变化是否及时、防守动作运用是否能把握好时机等。

在散打比赛中，运动员要做到知彼知己，了解对手的技战术风格，寻找对手的薄弱环节和细节；充分把握自身的技战术优缺点，进行针对性训练。扬长避短是优秀教练和运动员应该掌握的。

二、散打训练的方法

技术训练水平的高低取决于教练训练中采用的训练手段与方法。能否根据运动员所完成任务、所处状态制订明确训练目标，选择常规、非常规的各种方法，并在此基础上加以综合运用是散打教练的训练艺术。

在散打技术训练中，常用的方法有讲解与示范法、完整与分解法、重复训练法、间歇训练法、变换训练法、循环训练法、心理训练法等。

散打训练，始终离不开教师的讲解与示范。训练课以组织学生和运动员练习为主。教师的讲解力求简单、准确、要点突出、形象生动、目的明确，并善于启发学生积极思考。训练课的示范，应注意示范动作质量、示范面和位置、正误动作对比等；在散打训练课中进行练习、改进技术，主要运用完整与分解法。对于简单的技术动作，如某拳法、腿法、步法，或不能分解的较复杂的动作，要用完整法组织练习；对于较复杂的组合动作或腾空跳跃、跌扑滚翻动作，完整练习比较困难，这时就要用分解法。重复练习法是指在不改变动作结构和运动员负荷数据的情况下，按照既定的要求，反复进行练习，每次练习的间歇时间能使机体基本恢复的一种练习方法。间歇训练法，是指在一次或一组练习之后，按照严格规定的间歇进行休息，在机体未完全恢复的情况下进行下一组练习的方法。变换训练法，是指在练习过程中，有目的地变换练习的运动负荷（时间、负重重量、速度等）、动作组合，以及变换练习的环境、条件等的一种练习方法。它对有机体产生多种作用，可达到不同的训练目的，还可提高训练兴趣。循环训练法，是指根据训练的具体任务，建立若干个练习点，按照规定的顺序、路线依次完成每点所规定的要求，周而复始地进行训练；每点的练习内容、练习负荷和循环的次数，可根据训练目的和学生的水平合理制订。心理训练可分为一般心理训练和专项心理训练。一般心理训练是为运动员普遍所需的心理品质，即适应散打训练和竞赛的心理特征以及稳定健康的心理过程的训练。专项心理训练则集中发展从事散打专项训练与竞赛所需的个性心理特征和心理过程的训练。心理训练方法常用的有加减压力法、诱导训练法、模拟训练法和意念训练法等。

三、散打运动训练的组织形式

1. 原地规范动作练习

在了解熟悉了动作要领之后，学生根据要领反复进行单个动作练习。复杂的动作技术还应分解练习，这时，教练首先要做好示范动作，反复讲解，并及时发现和纠正学生学习过程中的错误动作。此时的训练不应要求动作的速度和用力程度，重点要求体会动作的要领，起止的路线和作用物体的着力点，以及发力的动作机制。只有通过这种反复练习，不断强化学员的动作意识，才能使之形成正确的动力定型。

2. 结合步法的动作练习

经过原地练习掌握了规范动作后，再结合相应步法进行单体技术的练习。结合步法的训练原则是拳动步动，腿到步到；在摔法中结合步法的训练则是“足进肩随即拧腰，套封插别就见跤”。结合步法训练的目的是保持在动态中的平衡和提高行进间完成各种攻防动作的能力，训练的重点就是要解决身体各个部分的协调配合，保证及时、准确地完成各种攻防动作。

3. 空击练习

空击练习是熟练自如地掌握动作技术的重要训练手段，并能以此来加强和改善神经系统的信息传递功能，进而提高应变能力和反应速度。“空击”练习可根据掌握技术的程度分为几个步骤或阶段来分别实施：①个人单体技术空击，这是针对某一种拳（腿、摔）法或防守方法结合步法反复练习，以提高某一类技术掌握的水平；②个人组合技术空击，把进攻和防守中的某几种方法编串起来反复练习，以提高组合技术运用的协调能力；③随机组合空击，通过假设中的对手，运用随机的组合技术进行想象中的攻防练习，以提高技术运用的能力。

4. 不接触式的攻防练习

在排除阻抗条件的前提下，两人进行攻防练习，目的是提高对对方攻防动作的判断和及时做出相应的动作反应能力。不接触式的攻防练习可分为一攻一防和相互攻防的形式，还可根据训练要求运用规定或随机的单体或组合的技术进行练习，但动作的速度要与实战水平近似。

5. 模拟练习

为提高某个单体或组合动作的运用能力，由教师或助手使用规定的方法反复地向练习的学生递招，而练习的学生则根据递招的具体情况做出相应攻防动作，以此来提高反应速度，建立起稳定的条件反射，直至动作技术的运用进入自动化阶段。模拟练习用于防守和防守反击技术的训练。

6. 打靶练习

打靶练习分为打固定靶和打活动靶两种。打固定靶主要是提高动作的力度和耐久力，打活动靶主要是提高反应速度、距离和准确度。打靶练习还可根据要求分为技术靶、战术靶和素质靶。技术靶是通过打靶来体验和规范单体及组合技术的练习方法。战术靶是根据假定情况有针对性地找出规定或随机打法的练习方法，以提高对抗中的战术意识。素质靶则是以提高动作的速度、打击力量和专项耐久力为主要目的的练习方法，至于在打素质靶时需要解决某项素质的问题，则应根据训练的内容与计划做出安排。

7. 实战练习

实战分为条件实战和实际实战两种。条件实战是指有条件限制的实战，这是初学阶段或根据阶段训练内容以及为提高某些运动员的某种能力而设置的一种常见的训练手段，具有较强的针对性，是进行实战的基础。条件实战大致可分为拳的实战、腿的实战、摔的实战、拳与腿的实战、拳与摔的实战、腿与摔的实战六种，其中还可根据具体的训练内容和要求进行细化。实际实战则是基本按照规则的要求进行实际对抗，通过实战能够全面检测训练成果并从中发现运动员在智能、技能、心理、体能等方面存在的问题，从而为改进技术环节和细节、改变训练手段、提高训练的针对性提供真实依据。

第三章
散打运动基本技术

第一节 实战姿势

两脚前后开立（正架为左脚在前，反架为右脚在前）；两手握拳，左前右后，拳眼均朝上；左臂弯曲，肘关节夹角为90~110度，左拳与鼻同高；右臂弯曲，肘关节夹角小于90度，上臂、前臂紧贴右侧肋部；身体侧立，下颚微收，面部和左肩、左拳正对对方。（图6、图7）

实战姿势

正面图

图6

侧面图

图7

要点：实战姿势是实战时的预备姿势，因此，要求进攻灵活，防守严密，移动方便。姿势不可太低，重心控制在两脚之间；两手紧护躯体，暴露给对手打击的有效部位尽量缩小。

第二节　手型与步法

一、手型

五指内屈紧握，拇指第一指骨压在食指和中指的第二指骨上，拳心朝下为平拳，拳眼朝上为立拳。(图8、图9)。

要点：拳心握实，拳面要平，手腕要直。

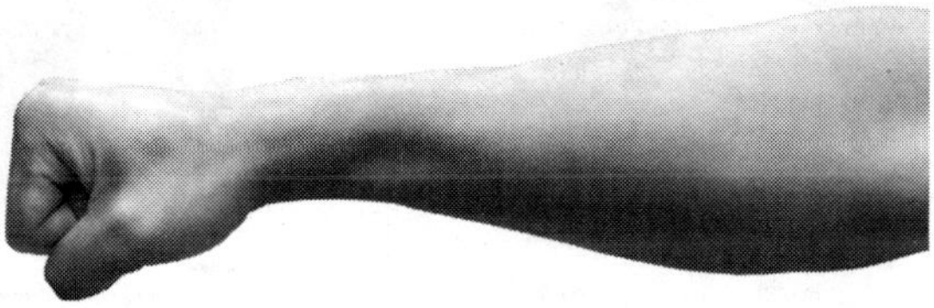

图8

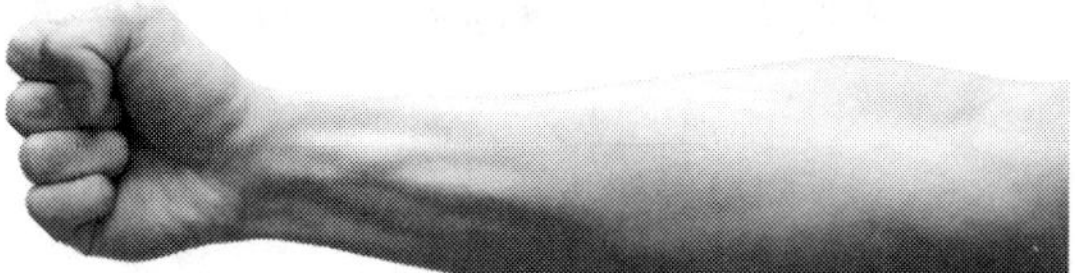

图9

手型

二、步法

“先看一步走，再看一伸手，手到步不到，等于放空炮。”步法是散打格斗中身体向前、后、左、右移动的方法。灵活而敏捷的步法，不仅是调节重心、维持身体平衡的关键，也是进攻和防守占据有利位置、发挥最优攻势的基础，认真学习和演练步法是提高实战能力的重要环节。以下步法均以左实战姿势为例。

1. 进步

左脚（前脚）先向前进半步，右脚（后脚）再跟进半步。(图10、图11)

进步退步

图10

图11

要点：进步步幅不宜过大，右脚跟进后的身体姿势不变，衔接进步与跟步时越快越好。

2. 退步

右脚先后退半步，左脚再退回半步。（图 12、图 13）

要点：参考“进步”。

图12

图13

3. 上步

右脚向前上一步，同时左、右拳前后交换成反架姿势。（图 14）

要点：上步时身体不能前后摆动，上步与两拳动作同时进行。

4. 插步

右脚向左横移一步，脚跟离地，两脚略呈交叉状。（图 15）

要点：插步时身体不要转动，左侧面仍与对手相对；插步后要及时还原成预备势。

图14

图15

上步

插步

5. 垫步

右脚蹬地向左脚并拢，同时左腿屈膝提起。（图 16、图 17）

要点：右脚向左脚并拢要疾速，垫步与提膝不脱节、不停顿；身体向前移动，勿向上腾空。

垫步

垫步技术结合腿法练习

图16

图17

6. 双腿纵步

两脚同时蹬地使身体向上或向前、后、左、右跳起。（图18）

要点： 腰胯紧收，上体正直，腾空不宜过高。

7. 盖步

右脚向左脚前迈步，脚尖外摆；左脚跟离地，两膝微屈，重心偏于右腿。（图19）

要点： 迈步身不转，重心不要起伏，步幅适中。

图18

图19

双腿纵步

盖步

8. 左移动

左脚先向左移动半步，右脚再跟进半步。（图20、图21）

图20

图21

移动

9. 右移动

右脚先向右移动半步，左脚再跟进半步。（图22、图23）

要点：左、右移动要点均参考“进步”。

图22

图23

三、步法练习方法

1. 步法单独练习

学完一种步法以后，学生必须反复揣摩练习，以找到要领、熟悉技术，并由单一练习逐渐过渡到连续练习。各种步法的综合练习，可以在步法的单独练习熟练后将几种步法组合起来进行。

2. 结合信号练习

教师应用掌心、掌背的朝向或规定的某一信号，要求学生按信号做出相应的步法，这种练习既可以巩固步法技术，又可以提高反应能力。

3. 两人配合练习

规定一方运用多种步法，而另一方做出相应的移动；双方距离尽量保持不变。

4. 结合攻防动作的练习

（1）把步法和各种攻防动作结合起来进行练习，提高整体协调配合能力，以适应实战的需要。

（2）配对练习，规定一方单招或组合连招进攻，另一方移动摆脱，并寻机予以反击，提高步法的实效性。

四、步法技术要求

散打运动中步法的快慢、移动距离的大小直接影响着攻防的效果。散打运动对步法的技术要求具体有以下几点：疾、准、活、稳。

1. 疾

疾是指步法移动的速度。双方交手前都处于相持和试探状态之中，并保持着一定的距离，任何一方发动进攻，必须以快速的步法接近对方，实施有效进攻。防守一方同样也必须具备快速的后退和躲闪能力。

2. 准

准是指步法移动的准确性。准确移动步法，能为进攻、防守和防守反击赢得时间。把握步法移动的准确性，主要取决于运动员的时空感觉能力，而这种能力的获得，有赖于长期的实践和不断的摸索。

3. 活

活是指步法移动、变换要灵活敏捷。首先，力量是基础，膝关节、踝关节弹性要好；其次，站立时两脚相距不要太宽，两膝弯曲不要过大，保持好身体重心，实战中应该是“动态型”，尽量避免“静止型”。

4. 稳

稳是指步法移动的稳定性。自己在移动中始终保持身体重心的稳定，不给对方破绽，在掌握了对方的身体重心及移动规律后，破其稳定，才可以巧取胜。

第三节　拳法

散打的拳法在散打技术体系中占有重要地位，特别是在中、近距离的攻防上有十分重要的作用。拳法在散打运动中常用的有冲、掼、抄、弹、鞭等五种拳法。在实战中具有速度快和灵活多变的特点，它能以最短的距离、最快的速度击中对手。拳法适合于组合训练，并且能任意配合其他技术使用。掌握得好、利用得巧妙能给对手造成很大的威胁。

一、冲拳

1. 左冲拳

左实战姿势站立，右脚微蹬地，身体重心稍向左脚移动，同时转腰送肩，左拳直线向前击出，力达拳面。（图24）

要点：冲拳时，上体不可前倾，腰略向右转；拳面领先，上臂催前臂，臂微内旋，肘微屈；快出快收，迅速还原成预备势。不要形成拳往下撩的错误，或只是前臂屈伸，强调肩先启动，催肘送拳。

实战范例：双方在对峙的状态下，突然快速进步或上步，以左冲拳攻击对方；或对方向前追击时，突然向左侧闪躲，以左冲拳反击其头部。（图25）

易犯错误与纠正方法：形成撩拳，纠正时，强调以拳领先，勿先动肘；请同伴帮助，一手拉拳，另一手按肘，练习者慢慢体会要领。只动前臂，纠正时强调肩先起动，催肘送拳。

冲拳

图24

图25

2. 右冲拳

预备势开始，右脚微蹬地并向内扣转，转腰送肩的同时，右拳直线向前冲出，力达拳面，左拳回收至左侧腮部。（图26）

要点：右冲拳的发力顺序是起于右脚，传送到腰、肩、肘，最后达于拳面；上体向左转动，头不转；还原时以腰带肘，主动收回。上体不要过于前倾，也不要出现后引拉拳等明显的错误。

实战范例：当对方左冲拳攻击上盘时，俯身下躲，同时右冲拳反击其中盘。（图27）

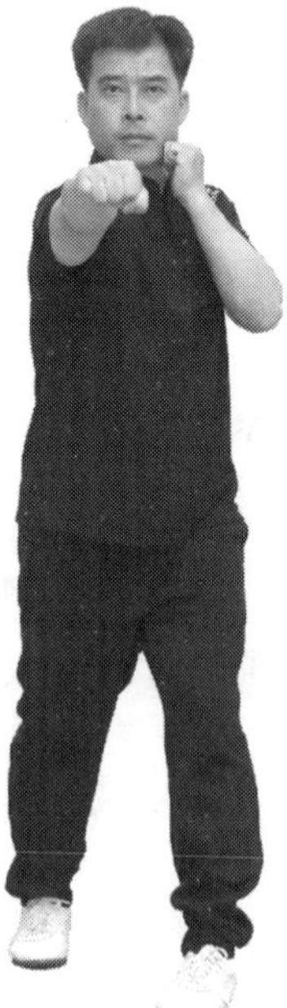

图26

图27

易犯错误与纠正方法：上体过于前倾，腰没有向左拧转；纠正时，多体会腰绕纵轴拧转的要领，克服身体前倾。后引拉拳，预兆明显；纠正时，面对镜子或同伴监督，用慢速放松练习，体会出拳路线。

二、摆拳

摆拳

1. 左摆拳

预备势开始，上体微向右转，同时左拳向外（约45度）、向前、向里横摆，臂微屈，拳心向下，力达拳面或偏于拳眼侧；右拳护于右腮。（图28）

要点：力从腰发，腰绕纵轴向右转动，摆拳发力时，肘尖抬至与肩平。

实战范例：双方对峙时，突然向左闪步，左摆拳抢攻对手头部右侧。（图29）

易犯错误与纠正方法：幅度大、翻肘早、向前探身；纠正时，多体会出拳路线、向右转腰发力的要领。请同伴帮助，一手拉拳，另一手按肘，练习者克服翻肘和身体前探的错误。

图28

图29

2. 右掼拳

预备势开始，右脚微蹬地并向内扣转，合胯并向左转腰，同时右拳向外（约45度）、向前、向里横掼，力达拳面或偏于拳眼侧；左拳回收至左腮前。（图30）

图30

要点：右脚内扣，合胯转腰与掼拳发力要协调一致；发力时，肘尖微抬，使肩、肘、腕基本成水平位。不要出现翻肘过早、甩拳和向前探身的情况。

用法：掼拳是一种横向型的进攻动作，可以结合身体姿势的高、低变化击打对方的侧面。上盘可击腮部，中盘可击腰肋部位。（图31、图32）

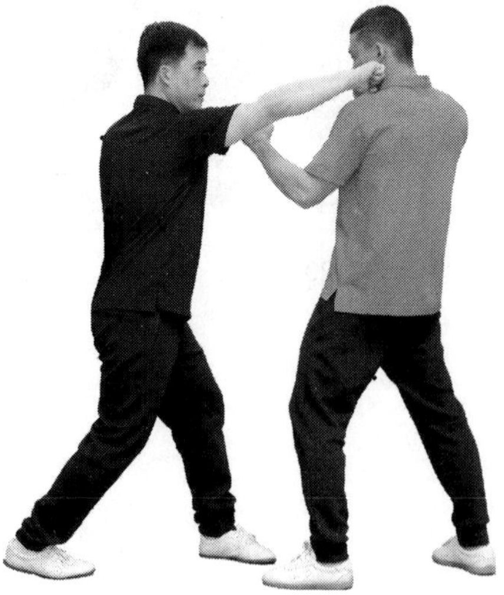

图31

图32

三、抄拳

1. 左抄拳

图33

预备势开始，重心略下沉，左拳微下落，随即左脚蹬地，上体右转，左拳由下向上勾击，左臂的上臂与前臂的夹角在90~110度之间，拳心向里，力达拳面。（图33）

易犯错误与纠正方法：上体出现后仰、挺腹、重心上提、歪胯，纠正时面对镜子体会出拳路线、发力要领；或请同伴帮助，一手按头，另一手扶胯，边练习边提示。

图34

2. 右抄拳

预备势开始，右脚蹬地，微向左转腰的同时，右拳由下向前、向上抄起，上臂与前臂的夹角在90~110度之间，拳心向里，力达拳面；左拳回收至左侧腮部。（图34）

要点：抄拳要借助蹬地、扣膝、合胯、转腰的力量，发力由下至上，协调顺达；抄拳时，臂先微内旋再外旋，呈螺旋形运行。发力时上体不要后仰、挺腹以及重心上提；右抄拳不允许有预摆动作。

用法：抄拳属于上下进攻型动作，由于击打距离短，适用于近距离实战，双方接触时，正面攻击对手的胸、腹或下颚。（图35、图36）

图35

抄拳

图36

易犯错误与纠正方法：拳后拉，形成预摆，身体向上立起；纠正时，应消除单纯用劲心理，体会动作路线和全身协调配合；请同伴帮助控制重心的起伏，如一手按头，另一手给靶（保持正确的高度），练习者体会从腰部发力的要领。

四、鞭拳

以右鞭拳为例，身体向右转180度，右脚经左腿后插步，同时左拳与右拳一起回收至胸前；动作不停，上体继续向右转体90度，同时以腰带动右臂向右侧横向鞭击，拳眼朝上，力达拳背。（图37至图39）

要点：鞭拳时，以腰带臂，前臂鞭打甩拳；转体要快，以头领先，不能停顿，支撑要稳。

图37

鞭拳

图38

图39

实战范例：双方对峙时，先以左拳虚晃佯攻，继而右脚插步，身体右后转，右鞭拳横击其上盘。（图40）

易犯错误与纠正方法：向斜方向转体、出现以肩带臂，站立不稳，立点不准；纠正时，原地进行练习，体会甩前臂的要领或专做转体练习。

图40

五、弹拳

左拳以伸肘弹腕的力量反臂向前弹击，力达拳背。（图41）

右手弹拳时转腰顺肩。

要点： 弹拳前左臂肌肉尽量放松，以气催力；发力时含胸拔背，顺肩，送肘，甩手腕，放长击远。

用法： 弹拳的特点是冷、脆、快、远。趁对方不注意的时候，以干脆、快速的弹拳击打对方的面部，扰乱对方的视线，为其他进攻动作起先导作用。

实战范例： 主动弹击对手头部、胸腹部。（图42）

易犯错误与纠正方法： 肌肉不放松，没速度，僵劲；纠正时，专门练习甩臂动作，由拳变掌，有利于肌肉放松；或面对镜子，放慢速度，练习改正。

弹拳

图41

图42

六、左、右脚的蹬地动作

冲、掼、抄三种拳法，均需配合脚部的蹬地，以达到最大的速度、力量。左右脚蹬地动作的发力顺序是起于脚，传送到腰、肩、肘，最后达于拳面。（图43、图44）

左、右脚的蹬地动作

图43

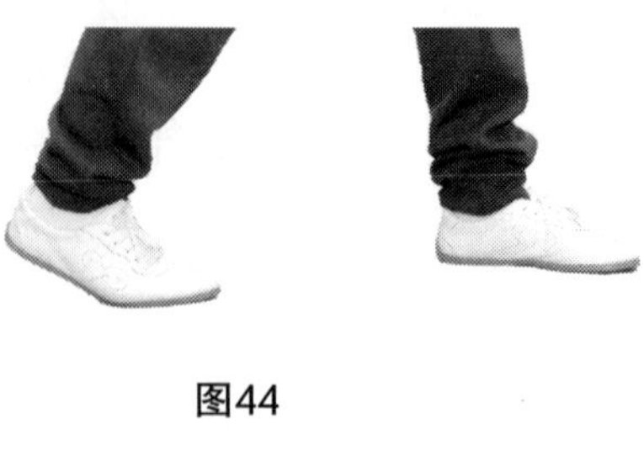

图44

七、拳法练习方法

冲、掼、抄三种拳法结合进退步练习

组合拳法

三种拳法打靶

组合拳打靶

第四节　腿法

腿法内容丰富，分直线型、横线型、扫转型、上下型等几大部分。格斗中腿法灵活机动，变化多端，攻击距离远，力度大，还具有隐蔽性的特点。运用腿法攻击，要求做到快速有力，击点准确。

一、蹬腿

1. 左蹬腿

实战姿势站立，右腿直立或微屈，左腿提膝抬起，勾脚，以脚跟领先向前蹬出，力达脚跟；亦可送髋，脚掌下压，力达前脚掌。（图45至图47）

图45

图46

图47

正蹬腿

2. 右蹬腿

实战姿势站立，身体重心前移，左腿直立或微屈，身体稍左转，右腿提膝抬起，勾脚，以脚跟领先向前蹬出，力达脚跟；亦可送髋，脚掌下压，力达前脚掌。（图48至图50）

要点：屈膝高抬，爆发有力，快速连贯。

图48

图49

图50

用法：当与对手正面相对时，主动蹬其躯干；当对手用拳、腿进攻时，防守后，蹬腿击其躯干。（图51）

图51

易犯错误与纠正方法：提膝不过腰，髋、踝关节放松，力不顺达。多做提膝靠胸练习，亦可多做蹬墙壁、树干、沙包等练习，体会发力和着力点。

二、侧弹腿

1. 左侧弹腿

右腿直立或稍屈支撑，上体稍向右侧倾；同时左腿屈膝向左侧摆起，扣膝，绷脚背，随即挺膝向前弹踢小腿，力达脚背至小腿下端。（图52、图53）

图52

图53

侧弹腿

2. 右侧弹腿

左腿直立或稍屈支撑，上体左转180度，稍向左倾；同时右腿屈膝向前摆，扣膝，绷脚背，随即挺膝向前弹踢小腿，力达脚背至小腿下端。（图54、图55）

要点：脚背紧张，膝关节内扣，以膝带腿，快速发力。侧弹腿击沙包、脚靶等物，体会击打时脚背的肌肉感觉。

图54

图55

用法：侧弹腿的优点是动作快速，易于变化，可视不同情况分别击打对手的上盘、中盘和下盘。（图56）

图56

易犯错误与纠正方法：脚背放松，膝不内扣，力点不准，容易受损伤。按动作要领多做绷脚背击沙包、脚靶等物，体会击打时脚背的肌肉感觉。

三、侧踹腿

1. 左侧踹腿

右腿直立或稍屈支撑；左腿屈膝提起，小腿外摆，脚尖勾起，随即展髋，使脚掌正对攻击方向，向前踹出，力达脚掌，上体可倾斜。（图57、图58）

图57

图58

侧踹腿

2. 右侧踹腿

左腿直立或稍屈支撑；身体向左转180度，同时右腿屈膝前抬，小腿外摆，脚尖勾起，随即展髋，使脚掌正对攻击方向，向前踹出，力达脚掌，上体可倾斜。（图59、图60）

要点：上体、大腿、小腿、脚掌成一直线，踹出时一定要以大腿推动小腿直线向前发力。

图59

图60

用法：踹腿是比赛中使用率较高的腿法之一，容易调整步法。因此，踹腿的使用变化较多，它沿直线运动，速度快，力量大，不易防守，而且配合步法运用，变化多，易于在不同距离上使用。（图61）

易犯错误与纠正方法：收腹、屈髋、撅臀、上体与腿不成直线，打击距离短、速度慢、力量小。纠正时，手扶肋木或其他支撑物，一腿抬起，脚不落地，严格按照动作要求，由慢到快反复练习，改正动作。

图61

四、后蹬腿

身体向右后转，两腿弯曲，左手护头，右手自然下垂置于体侧；左腿直立或稍屈支撑，右腿屈膝抬起，脚跟领先向后蹬出，上体稍抬起，眼看蹬腿方向。（图62至图64）

图62

图63

图64

要点：向后转身时以头领先，蹬腿时挺膝展髋，腰肌收缩，注意平衡。

用法：后蹬腿俗称“虎尾腿”，它的优点是转体或背对对手，容易使对手产生错觉，而

且动作隐蔽，出其不意，命中率高。（图 65）

易犯错误与纠正方法：低头弯腰，腰背肌肉放松，蹬腿无力并偏离目标。纠正时，以沙包为打击目标，练习转头眼看目标再蹬腿，并体会用力的顺序和技巧。

后蹬腿

图65

五、勾踢

1. 左勾踢

右腿弯曲，膝稍外展，上体稍右转，收腹合胯，带动左腿直腿勾脚向前、向右弧线擦地勾踢，脚背屈紧并内扣，力达脚弓内侧。（图 66、图 67）

图66

图67

勾踢

2. 右勾踢

左腿弯曲，膝外展，身体左转180度，带动右腿直腿勾脚向前、向左弧线擦地勾踢，脚背屈紧并内扣，力达脚弓内侧。（图68、图69）

图68

图69

要点：不带预摆，勾踢加速，力点准确，保持平衡。

用法：勾踢主要利用了“釜底抽薪”的原理，当对方重心在前腿时，勾踢其脚跟，破坏其支撑的稳定性。（图70）

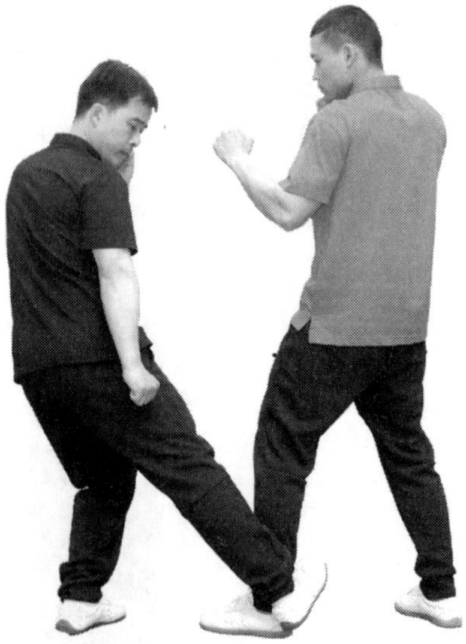

图70

易犯错误与纠正方法：有预摆，幅度大，前上方用力，脚踝放松。做勾踢木桩或两人相互勾踢的配合练习，互相检查，体会动作运行路线、用力方向和力点。

六、腿法练习方法

腿法踢靶

第五节　摔法

摔法是构成散打技术的主要组成部分之一。熟练地掌握摔法技术、成功地运用摔法动作，是得分取胜的有效手段；同时还会给对手在精神上造成很大的压抑，极大地消耗对手的体力。但是，由于受散打规则的制约，散打摔法在各式摔跤技术基础上有了进一步的发展，逐渐形成了武术散打摔法速度快、没有固定抓“把”部位的特点。

一、抱腿前顶

对方出拳击我方头部，我方上左步，下潜躲闪；或直接下潜进攻，两手抱对方双腿，屈肘，两手用力回拉；同时用左肩前顶对方大腿或腹部，将对方摔倒。（图71、图72）

图71

图72

抱腿前顶

要点：下潜快，抱腿紧，两臂后撤，肩顶有力。

用法：可用于主动进攻或防守反击。

易犯错误与纠正方法：抱不住双腿，没有靠肩，注意下潜接近对手，两臂后拉、肩顶配合协调。

二、接腿上托

当对方用正蹬腿踢击时，我方两手抓握其小腿下端，随即屈臂上抬；两手托其脚跟，同时上步，向前上方推送将其摔倒。（图73、图74）

接腿上托

图74

图73

要点：抓脚准，托、推动作连贯一致，不能有间歇时间。

用法：适应于防守反击对方的蹬腿动作。

易犯错误与纠正方法：推、托不倒对方，注意托脚和推脚动作的连贯性，不能有间歇时间。

三、抱腿别腿

对方站立或起左侧弹腿踢腿时，我方将对方左腿抱住，并从对方的支撑腿后上左步；上体左转，两腿成右弓步，用左腿别对方右腿，同时用胸下压对方腿。（图75至图77）

抱腿别腿

图75

图76

图77

要点： 抱腿紧、有力，弓步转体协调，转腰压腿顺势，衔接要快。

用法： 可用于主动进攻或防守反击。

易犯错误与纠正方法： 抱不住腿，掌握好接抱腿时机；摔不倒对方，别腿、压腿衔接要快。

四、接腿勾踢

当对方用右侧弹腿踢击时，我方立即顺势用左手抄抱其小腿，右手由对方右肩上穿过，下压其颈部，同时左手上抬，右脚向前勾踢其支撑腿踝关节处，将对方摔倒。（图78至图81）

图78

图79

接腿勾踢

图80

图81

要点：接抱腿准确，压颈、勾踢动作要协调有力、连贯。

用法：多运用于防守对方左、右侧踹腿和侧弹腿的反击。

易犯错误与纠正方法：勾踢不倒对方，控制好腿后，压颈、勾踢动作协调连贯。

五、撞胸前切

对方用左冲拳或掼拳击我方头部，我方用右前臂向外格挡后捋抓其手臂；同时，右脚向前上半步，随即左脚向对方左腿后插步别对方左腿，左臂由对方右肩上穿过，屈肘夹抱对方的颈部；上体前俯下压对方胸部，使对方倒地。（图82至图84）

图82

图83

图84

要点：格挡上步快，同时使上体前俯撞胸，撞胸有力。

用法：对方实战姿势站立较高，身体直立时主动进攻或其运用冲、掼拳时防守反击。

易犯错误与纠正方法：摔不倒对方，注意上步要接近对方，同时上体前倾撞胸。

撞胸前切

六、夹颈过背摔

对方以左直拳击我方头部，我方用前臂格挡对方左前臂，左臂由对方左肩上穿过后，屈臂夹对方颈部；同时右脚背步至与左脚平行，两腿屈膝，身体右转，以左侧髋部紧贴对方身体前侧；继而两腿蹬伸，向下弓腰、低头将对方背起后摔倒。（图85至图87）

夹颈过背摔

要点：夹颈牢固，使身体贴靠对方，背步转身要快，低头、蹬腿协调有力。

用法：多用于防守冲、掼拳击头部时的反击或主动进攻。

易犯错误与纠正方法：夹颈不牢固，应使身体贴靠对方，屈臂环绕夹紧；背不起对方，应强调背步、转身、低头、弓腰、蹬腿协调连贯。

图85

图86

图87

七、接腿搂腿

对方用右侧弹腿或右蹬腿攻击我方肋部，我方立即用左手臂抱住对方右小腿，左脚向前上步，右腿抬起前伸，挂住对方支撑腿膝窝处，向后搂踢，同时右手用力向前推其左肩。（图88、图89）

接腿搂腿

图88

图89

要点：抱腿紧，搂腿、推肩协调有力。

用法：防守蹬、踹腿的反击。

易犯错误与纠正方法：抱腿不紧，接抱腿时要使对方腿贴近自己腹部，使其不能逃脱；摔不倒对方，搂腿和推肩动作要协调一致。

八、夹颈打腿

对方用左冲拳击我方头部，我方右前臂格挡对方臂，左手由对方左肩上穿过，屈肘夹对方颈部；同时右腿背步与左脚平行，随即右转体用左小腿横打对方左小腿，将对方夹起。（图90至图92）

图90

图91

图92

要点：格挡快、夹颈有力，打腿、转身协调一致。

用法：用于对手用冲、掼拳击打时的防守反击。

易犯错误与纠正方法：夹颈不紧，打腿和转身动作不协调一致，注意夹颈时步要向前跟上，身体贴紧对方。

夹颈打腿

第六节　防守技术

接触性防守：拍档

防守是一种可以节制和削弱对方的攻击，保护自己并能处于反击位置的方法，最终目的是防守和反击。准确、巧妙的防守，不但能保护自己，而且能为攻击创造更好的条件。

一、接触性防守

1. 拍挡

正架预备姿势开始，左手（右手）以掌心或拳心为力点向里横向拍挡。（图93）

要点：前臂尽量垂直，拍挡幅度小，用力短促，注意只动前臂，不能伸肘、伸臂。

用法：防守对方用直线型拳法或横向性腿法对上盘的攻击。（图94、图95）

图93

图94

图95

2. 挂挡

左手（右手）屈臂向同侧头部或肩部挂挡。（图96）

要点：上臂、前臂叠紧并贴于头侧，要含胸侧身，暴露面小，不要出现抬肘向外格挡的动作。

用法：防守对方用横向型的手法或腿法（如左、右掼拳或左右横踢腿等）攻击上盘。（图97）

挂挡

图96

图97

3. 拍压

下拍压

左拳（右拳）变掌以掌心或掌根为力点由上向前下拍压。（图98）

要点：拍压时臂要弯曲，手腕和掌指要紧张用力，臂内旋，虎口、指尖均朝右（左）。

用法：防守对方正面的手法或腿法（如下冲拳、勾拳、撩拳及蹬踹腿等），攻击中盘。（图99、图100）

图98

图99

图100

4. 外抄

左（右）手臂外旋弯曲，上臂紧贴肋部，前臂近水平位，手心朝上，同时右（左）手紧贴胸部，立掌，手心朝外，手指朝上。（图101）

要点：上臂紧护躯干，两手成钳子状。抱腿时，两手相合锁扣。

用法：接抱对方横踢腿对上、中盘的进攻，如左、右横踢腿等。（图102）

图101

图102

外抄

5. 里抄

左（右）手臂微屈并外旋，紧贴腹前，手心朝上；同时右（左）手臂紧贴胸前，立掌，虎口朝上，掌心朝外。（图103）

图103

图104

里抄

要点：两臂紧贴体前，保护裆部、胸部和腹部，抱腿时右（左）手掌心朝下与左（右）手相合锁扣。

用法：抄抱对方直线腿法和横线腿法（如正面的蹬、踹腿和左横踢腿等）由后向左攻击上、中盘。（图104）

6. 外挂

以左手外挂为例：左拳由上向下、向左后斜挂，肘尖朝后，臂微屈。（图105）

要点：左臂肘关节微屈，肘尖内收朝后，左臂朝左后斜下挂防。

用法：结合左、右闪步，挂防对方蹬、踹腿或横踢腿攻击中盘部位。（图106）

外挂

图105

图106

7. 里挂

左臂内旋，左拳由上向下、向右斜下挂防，拳眼朝内，拳心朝左。（图107）

要点：左臂尽量内旋，略屈肘以桡骨侧为力点挂防，幅度要小，同时上体应略向右转。

用法：结合左闪步，防守对方从正面或偏右以腿法攻击中盘部位。（图108）

里挂

图107

图108

8. 阻截

左腿屈膝略抬，脚尖朝上，以脚掌为立点前伸阻截，脚掌朝前下方。（图109）

要点：支撑腿要稳，阻截腿腿部放松，提膝要快，把握阻截的时机，动作果断。

用法：以先发制人的方法，抢在对方进攻之前阻截其腿，破坏对方的进攻。（图110）

图109

图110

阻截

9. 提膝格挡

右腿微屈，同时左腿屈膝提起向左、右及正面格挡对方的进攻。（图111）

提膝格挡

要点：身体要正，支撑要稳，快速提膝静止或向左、右移动。

用法：防守对方用正面或横向腿法（如低横踢、勾踢等）攻击下盘部位。若对方的腿法攻击的是大腿或腰、腹部，则可用小腿格挡。（图112）

图111

图112

二、非接触性防守

1. 后闪

对方用拳法进攻时，重心后移，上体略向后仰闪躲。（图113）

要点：后闪时下颚收紧，闭嘴合齿，后闪幅度不宜过大、不要出现头部后仰、挺肚的动作，重心落于后腿。

用法：防守对方用拳法攻击上盘部位，为以腿法反击做准备，因此常常配合前蹬腿做防守反击。（图114）

后闪

图113

图114

2. 侧闪

两膝微屈，俯身，上体向左侧或右侧闪躲。（图115）

要点：上体要含缩，侧身不转头，身体横移幅度不要过大，目视前方。

用法：闪躲对方用手法（如左、右冲拳等）正面攻击上盘部位。（图116）

图115

图116

侧闪

3. 下躲闪

屈膝，沉胯，重心下降，缩颈，弧形向下躲闪，两手紧护胸部。（图117）

要点：下躲闪时，膝关节、髋关节和颈部要同时弯曲、收缩，目视对方。

用法：防守对方摆拳或腿法（如左、右掼拳，高横踢腿等）横向攻击头部。（图118）

图117

图118

下躲闪

4. 收步

由实战姿势开始，前脚由前向后收步，接近后脚时前脚掌着地，重心落于后腿，完成动作后回原位。（图 119）

要点：上体正直，虚实分明，前脚回收时不能超越后步，回收的步距视对方的进攻距离而定。

用法：防守对方用腿法（如低横踢、勾踢等）攻击下盘部位。（图 120）

收 步

图119

图120

第七节　摔跌技术

学习摔法时，首先要学习摔跌技术，即自己倒地时免受伤害的自我保护方法。只有掌握摔跌技术，才可避免摔痛和受伤，并能锻炼身体经受震动的能力和发展灵敏、协调等身体素质。摔跌技术具体包括：前倒、后倒、侧倒、前滚翻、后滚翻、抢背等。

一、前倒

身体由直立姿势前倒，两臂微屈，两手手指稍向内指。两手撑地后，迅速以屈臂的动作来缓冲落地的冲击力。整个动作的完成过程要抬头，憋气，全身紧张用力。（图 121）

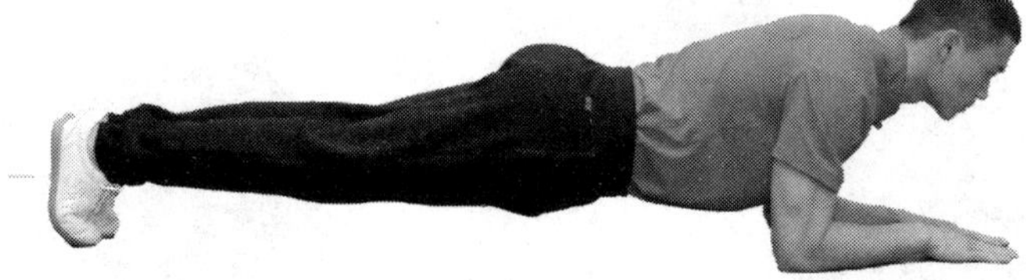

前倒

图121

二、后倒

在身体直立姿势的基础上，屈膝下蹲，两臂前摆，上体猛向后仰，同时起右脚（或左脚），挺腹、抬头、憋气，以臂、肩及背部着地。（图122）

后倒

图122

三、侧倒

两腿分开，屈膝下蹲，单侧支撑腿侧蹬，身体侧倒，异侧腿微前屈使两腿不重叠，待身体接近地面时，同侧手臂侧伸，掌心主动拍击地面以缓冲减震，异侧手臂在胸前屈臂。（图123）

侧倒

图123

四、前滚翻

身体屈膝下蹲，两手前摆撑地，弯腰、收头、团身，以背、腰、臀、脚依次着地向前滚翻，并迅速起立。（图124至图127）

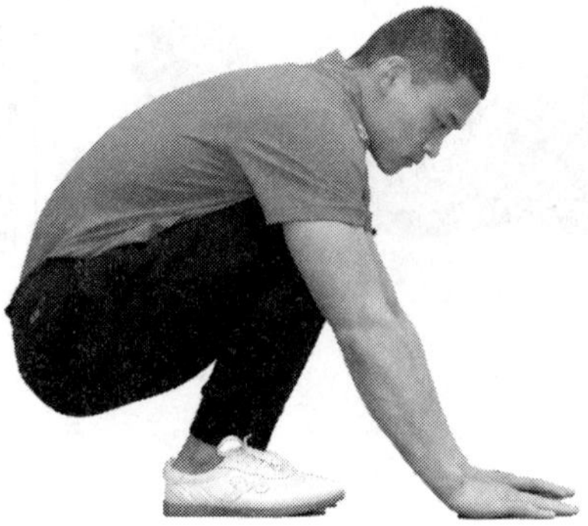

图124

图125

前滚翻

图126

图127

五、后滚翻

身体屈膝下蹲，弯腰、收头、团身，借身体后仰和两手撑力，按臀、背、脚的顺序依次着地，向后滚翻，并迅速起立。（图128至图131）

后滚翻

图128

图129

图130

图131

六、抢背

两腿前后微屈站立，后脚向后摆起，前脚用力蹬地腾空前跃，以单侧肩、背着地，团身向前滚翻一周，而后迅速站立。以肩、背、腰、臀依次着地，向前滚翻要圆活轻快。（图132至图135）

图132

图133

抢背

图134

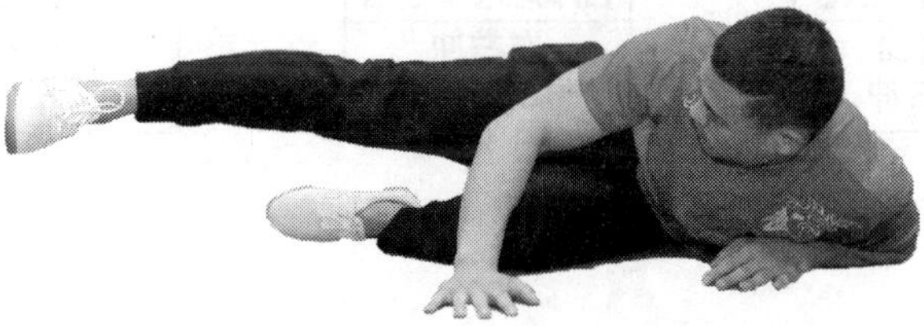

图135

第八节　组合技术

组合技术是指根据散打基本动作的攻防性质，结合步法和身法的移动等巧妙地组合在一起运用的技术，其目的是达到主动抢攻或防守反击的击打效果。例如，一个右直拳，在实战中如加上了一个进步直拳，其表现的基本特征应属于主动抢攻技法。因为，假设双方在实战时都处在相互不能击中的无效距离状态，因一方突然通过进步而缩短了与对方的距离，使无效距离变为有效的击打距离，从而收到了右直拳击中对方的效果；如若加上一个“拍压”防守后右直拳，其表现的基本特征应是一组防守反击技法。因为，左手拍压是用以防守对方攻击我方腹部的直线拳法或腿法，然后（或同时）以右直拳反击对方的头部。

任何一个对抗性体育项目，其比赛的基本特征都是在进攻与防守这一矛盾体中进行的。竞技散打又是一个以身体各部位进行对抗的体育项目，其比赛的基本特征也是对抗的双方都在“主动抢攻”与“防守反击”的对抗之中。如当对方主动抢攻时，我方就必定要进行防守反击（含以攻代防）；若我方发起主动抢攻时，对方也必须进行防守反击。主动抢攻与防守反击，虽属战术范畴，但技术是战术的载体，无论是主动抢攻还是防守反击战术，最终都是通过技术的运用来实现的。把散打的基本动作按照主动抢攻与防守反击的用法巧妙地组合在一起，形成若干个技法组合，这必将为散打的技、战术训练提供更加丰富的、有针对性的训练内容。

左蹬-左冲-右掼拳	左右冲拳-右蹬	撤步左蹬-左右冲拳	撤步左右冲拳-左蹬
左蹬腿-左右冲	左右冲-右侧弹腿	右冲-左踹	右掼-右勾踢

转身鞭拳 –左侧弹腿	左侧弹腿 –左冲–右掼	右冲 –右侧弹腿	退步左蹬腿 –左右掼
退步左踹腿 –左右冲	左蹬 –右侧弹腿	左蹬腿 –左右冲	左右冲 –右侧弹腿
右冲 –左踹	右掼 –右勾踢	转身鞭拳 –左侧弹腿	左侧弹腿 –左冲–右掼
右冲 –右侧弹腿	退步左蹬腿 –左右掼	退步左踹腿 –左右冲	左蹬 –右侧弹腿

第四章
散打运动技术训练

散打运动技术是合理完成散打动作的方法，是散打运动员竞技水平的重要决定因素。合理的散打技术建立在人体生理结构的基础上，它必须符合运动项目的规律，有利于运动员心理能力的发挥。散打各个动作只有遵循人体运动力学的基本原理的要求才能准确规范；只有符合个人的生理学特点，才能形成独特的技术风格。散打技术主要有进攻技术、防守技术、防守反击技术等三个部分。技术的优劣直接影响着比赛的胜负，正确地掌握散打技术是教学和训练的重要环节。

第一节　散打运动进攻技术训练

进攻技术是散打技术的主体，其他步法和防守技术的运用都是为了更好地进攻。学习进攻技术必须一丝不苟地掌握动作的起、止路线，着力点和攻击的部位。动作的起、止路线和着力点直接关系到动作成功与否，是技术的关键。在训练中，教师应该将教与练相结合，所采用的方法应本着从易到难、从简单到复杂、从单独操作到实际对抗的循序渐进的原则进行，因此，教学训练一般采用以下的方法。

一、原地练习

采用原地练习法重点体会动作要领，不断揣摩动作的路线、顺序、力点和身体姿势。练习时要自然放松，不要求快速和过度用力；复杂动作可分解练习，由慢到快，逐渐掌握动作的正确方法；有条件的应在教师或同伴的指导下，或面对镜子，边练边检查，不断强化、巩固正确的动作，不断提高动作质量。

二、结合步法练习

经过原地练习，基本掌握了动作规范后，要根据实战需要结合相应的步法练习，提高攻击距离感，以及防守的机动性，使技术与实战紧密联系，并使技术动作逐步达到协调准确。

三、假设性练习

假设性练习是指通过假设想象对手的攻防动作或所处状态而进行相应的进攻或防守反击的练习。做假设性徒手练习，有一种身临其境面对敌手的实战状态，可提高反应能力、动作速度，以及培养战斗意志和掌握各种技术的具体练法。

四、打固定靶练习

打固定靶练习是一种利用胸靶、手脚靶、沙包等辅助性器材作为击打目标的练习，是改进技术动作和提高动作速度力量的重要手段。要求动作准确，快速有力地朝目标击打。

五、打活动靶练习

打活动靶练习是由教师或同伴手持手靶、脚靶不断变换角度、位置和方向，要求练习者迅速出击、反应灵活，运用多种技术进行击打的一种练习方法。

六、不接触的攻防练习

两人一组，一方主动进攻，另一方防守反击。开始可规定只做单招进攻，逐渐过渡到连招进攻，动作由易到难。为了消除初学者的害怕心理和预防运动损伤，宜采用此法。不接触的攻防练习应保证在适当的距离（不宜太远）和运动中做出动作，动作的力度和速度应达到一定水平。练习应采用点到为止的方法。

七、条件实战

它是一种有条件限制的实战练习方法。如规定一方用拳法攻击，另一方防守或防守反击；或一方用腿法攻击，另一方使用接腿摔等。有条件的实战练习针对性强，能有效地训练和提高练习者的某些能力和运用某些方法的能力，是实战的初级阶段和进行战术训练时较为常用的一种方法。

八、实战练习

实战是检验和提高技术、战术的重要方法，同时也是总结积累实战经验的有效措施。实战练习用于提高技术的实战能力，培养在困难条件下技术运用能力以及敢打敢拼搏的良好品质，能有效地提高练习者的技术水平以及体能；尤其是完全按照比赛的规定和方法，由裁判裁决的形式，竞争激烈，对抗性强，在参赛前的训练中频频采用。

第二节　散打运动防守技术训练

防守技术是散打技术体系中不可缺少的内容。防守技术大体分为两类，一类是接触性防守，即通过防守者肢体的拦截达到防守的目的。另一类是非接触性防守，即通过防守者身体姿势的改变或位置的移动达到防守的目的。防守者能够做到准确、巧妙地防守，一则能够保护自己，减少丢分；二则能够为更好地反击创造条件。科学的练习步骤与方法是掌握防守技术的重要条件。

一、个人模仿练习

在教师讲解示范后，首先个人应模仿体会、练习动作。有条件的可面对镜子或与同伴配合，边做边检查，一开始就建立正确的动作。

二、假设性练习

自己想象对手的进攻，练习相应的防守动作，经过反复的强化，建立正确的条件反射，形成动力定型。

三、不接触的攻防练习

在教师或同伴的帮助下，练习者以规定进攻动作为信号，间隔一定距离，不接触身体，自己根据信号做出相应的防守动作。这种方法的优点是能消除练习者的害怕心理，降低紧张情绪，既能保证动作质量，又能提高反应能力。

四、接触的攻防练习

两人一组，一方进攻，另一方防守，互相接触，进一步提高防守的实效性。进攻一方用力的大小、速度的快慢以及运用方法的简繁都要根据练习者的实际能力来控制。两人练习可以采用原地和移动两种方式。原地练习可以节省体力，增加练习密度；而移动练习可以兼练步法、判断距离，更加符合实战。

五、进攻与防守反击练习

专门性的防守练习在训练的初级阶段是非常重要的，但到了基本掌握动作之后，应尽量把防守与反击结合起来，避免形成单纯的消极防守而被动的打法。防守是途径，反击是目的。

六、实战练习

实战是双方在紧张、激烈和瞬息万变的情况下运用方法来提高技术的。实战练习不仅要求练习者要有娴熟的技术，更要有灵活多变的战略技术，所以实战是检验和提高练习者防守能力的重要方法。

第三节 散打运动防守反击技术训练

防守反击是一种复合技术，它是由防守与进攻技术组合而成的。若想反击技术运用得成功，除正确、熟练地掌握防守与进攻技术，使其达到自动化程度外，还需把握防守反击的时机和培养防守反击的意识。

防守反击的时机：一是在对手将要进攻或已暴露迹象但未出击动作之前，二是在对手进攻落空尚未转入防守的瞬间。防守反击的意识，关键是要克服心理上的不利因素。有的练习者在实战时缺乏自信心，使用动作犹豫不决，往往错失了反击的时机；有的练习者由于胆怯，畏惧对手的进攻，一味退闪、消极逃脱等，这些都必须在训练中加以克服。

防守反击技术作为散打技术的重要组成部分，运用得当往往可以使自己变被动为主动，出其不意地给予对手重击，可以说只有能够灵活运用防守反击技术的散打运动员才能称得上是一个优秀的散打运动员。防守反击技术一般包括三种：一是先防守后反击；二是防守的同时施以反击；三是以攻代防。

一、防守反击的训练

1. 结合步法训练

反击技术结合步法练习的目的是使练习者熟练掌握在堵、迎、退中快速出招攻击能力以及变线、多点攻击能力，而且还能有效地提高练习者的反应速度和动作速度。

2. 假设敌练习

假设敌练习的目的是提高练习者在移动中的随机发招攻击能力以及反击的能动性，并使练习者熟练运用散打规律，提高“智斗”水平。

3. 打沙包训练

打沙包练习的目的主要有两个：一是提高练习者的攻击力；二是培养和提高练习者的连续攻击能力。练习的内容可安排某一单个动作或组合动作的重复击打以及规定时间的任意击打。教学训练方法可采用口令指挥下的重复和间歇练习法。

4. 示靶训练

这种方法是持靶者从不同的位置、不同的方向突然出靶，练习者准确判断，以拳或腿快速击打。持靶者也可以做出进攻虚晃动作，练习者抢先反击打靶。此方法将观察力和速度结合起来练习，更接近实战。

5. 反击练习

反击练习是指在陪练员积极、主动的进攻条件下，练习者撤步使用腿法、拳法对陪练员做出有效反击。反击练习能有效地改进和增强练习者反击技术动作运用的能动性和实效性，提高练习者的反击意识及胆量。

二、防守反击应注意的事项

（1）使用防守反击要有强烈的意识，防守反击的意识关键是要克服心理上的不利因素。

（2）在实战中要有足够的自信心，把握反击时机，果断出击。平时必须刻苦练习各种防守反击动作，使之熟练自如、灵敏快速且具有杀伤力。防守反击必须通过实战训练，从中把握对付各种进攻的防守反击技巧。

（3）比赛中要遵循“攻防兼备”的原则，在瞬息万变的激烈对抗中，临战不乱，临强不惧，保持合理的攻防节奏。

第五章
散打运动战术及其训练

散打战术是根据比赛双方的具体情况，为战胜对方而采取的计策和方法。散打比赛不仅是技术水平的对抗，也是心理意志和智慧的较量。一名优秀的散打运动员能够利用自己的身体机能和技术特长克制对手，从而争取比赛的最终胜利。因此，散打战术是构成散打训练的重要因素之一。

随着散打运动的普及，散打比赛的水平不断提高，运动员的技术水平和竞技能力日趋接近，单凭身体条件和技术优势战胜对手的现象逐渐减少，比赛中只有通过有效的战术，把专项身体素质和技术充分发挥出来，才能有更多的取胜机会。在比赛中，一方面，对自己要扬长避短；另一方面，对对手要抑长制短。在比赛双方旗鼓相当、势均力敌的情况下，合理地运用战术可以减少无效的行动，对取得比赛的胜利有着极其重要的作用。散打战术与技术是相辅相成的，技术是战术的基础，只有熟练地掌握了散打的各种基本技术，才能灵活地运用各种战术。散打战术的作用在于把运动员已经获得的身体、技术、心理等方面的训练成果，根据比赛双方的具体情况，最优化地进行综合运用。其核心就是“制人而不受制于人”，制造有利的态势，掌握主动权。

散打战术的形成与运用是建立在一定的身体、技术、心理和智能基础之上的。同时，散打战术的培养反过来对运动员身体、技术、心理和智能的训练水平具有较大的促进作用。例如，练习主动进攻战术，可以提高运动员的反应速度、动作速度、位移速度，提高运动员对时机、距离等的判断能力，还可以培养运动员坚决果断、勇敢顽强的品质，有利于运动员自身技术的全面发展，竞技水平的提高。练习防守反击战术可以提高运动员的防守能力，增强反击意识。

散打的战术训练，首先应该确立正确的战术指导思想，遵循散打技术的规律和竞赛规则，注重实用性和灵巧性，并在训练实践中丰富散打的技术内涵，使之呈现出灵活、巧妙、多变的散打技术风格。实现战术目的，必须掌握战术原则、战术形式和发挥战术作用的条件。良好的战术意识应体现在复杂多变的条件下，积极观察场上情况，随机应变，快速准确地决定自己的战术行动，掌握场上的主动权。另外，战术意识还反映在行动的预见性、判断的准确性、攻防的主动性、技术的目的性、动作的隐蔽性、配合的一致性、战术的灵活性等诸方面。所以，运动员在比赛中的每一个战术的正确运用，无不受战术意识所支配，其水平是衡量成熟与否的重要标志。

第一节　战术原则

战术原则，是制订战术计划、实施战术方案必须遵循的准则。

一、按灵活多变的原理设计战术

散打比赛紧张激烈，错综复杂，比赛时如果利用为数不多的战术，甚至采用固定的战术，一旦被对方摸到规律，就会使自己陷入被动的困境。因此，设计战术时，应多考虑几种战术形式及其互相之间的衔接关系，利用多种战术方法，最大限度地体现不同进攻方向和进攻点。利用比赛场上的时间、空间、方向和位置，设计和练习灵活多变、多种形式的战术组合、战术意图，既灵活多变又突出针对性和时效性。

二、按散打的动作功能设计战术

战术，是通过运用一定的技术动作来实现的，不同技术动作的组成方案，表达了不同的战术思想。因此，按散打的动作功能设计战术可以合理地、有效地发挥技术的战术原则。它能使我们从散打技术的整体性、有序性、相关性、动态性的系统观点中，正确地制定战术，而不是孤立地、片面地考虑某一个战术环节和某一个战术组合的技术因素，产生单一的战术方案。

散打的动作主要由手法、腿法、摔法和步法组成，其中大部分动作既能进攻，也能防守，或攻中有防，防中寓攻。充分发挥其功能，就要认识动作之间（上与下、长与短、大与小、进与退、远与近、攻与防）相互矛盾、相互制约、相互转化的规律，按照不同动作的不同作用，制定不同的战术方案。

三、按攻防兼顾的原理设计战术

在比赛中，有些运动员一味讲究进攻，不顾防守；有的则单纯防守，不讲进攻，结果使攻防失调，顾此失彼，因此，要遵循“攻防兼顾”的原则，在瞬息万变的激烈对抗中，临战不乱，临危不惧，保持攻防的合理节奏。

攻防兼顾不是绝对的或一成不变的，比赛中要根据具体情况灵活应用。一般来讲，面对强手应加强防守，防中有攻，以防守反击为主；面对弱手应积极进攻，攻中有防，以主动进攻为主；水平相当时，要攻防兼顾，做到有序进攻，稳妥防守，抓住战机，猛烈进攻。

四、按控制与反控制的原理设计战术

在比赛中，常常听到运动员说："我浑身是劲，动作还没有用上就输了，真憋气。"产生这种现象是被对方控制所产生的结果。散打比赛的过程，实质上是一个控制与反控制的过程，谁控制了谁，谁就占有主动权。例如，甲、乙双方，甲擅长踹腿，乙如果不能控制其特长，甲的踹腿也就会越踹越有劲，越踹命中率越高。如果换了丙与其相对，丙了解甲的特长，只要甲使用踹腿，丙便防守破之，成功几次后，甲在心理上就会慌乱，不但踹腿这一技术专长发挥不出来，其他技术也难以正常地发挥和运用。在制定战术时，运动员就是要根据控制与反控制的原理，全面了解对方的情况，避实就虚，先夺其长，掌握主动权，使其不能发挥技术特长。

五、按对方实际情况设计战术

《孙子兵法》的第三篇《谋攻》篇中的"知彼知己，百战不殆"是我国古代军事家确定作战方案的先决条件。散打比赛和作战打仗一样，要想战胜对手，首先要了解对手的优缺点和实际情况，再有要正确地认识自己，根据其实际情况设计相应的战术，实现运筹帷幄。设计战术之前应了解对方的以下几种情况。

1. 技术状况

运动员要清楚地了解对方在比赛中的技术特点。如：对方是善于用拳、善于用腿，还是善于用摔。他的主要得分手段是什么，他的弱点是什么；是防摔的能力差，还是防腿、防拳的能力差等。针对具体情况采用相应的技战术，达到扬长避短的战术目的。

2. 身体素质

运动员之间的身体素质各不相同，有的速度快，有的力量大，有的体力好，有的柔韧性好，有的反应快。针对不同身体素质的对手，运动员要采用不同的战术。如：对付力量型选手，需要用以快制力、以巧制力的战术，遏制其力量的运用；对付耐力差的，就要采用消耗其体力的战术，逼着打，不给其喘息的机会，使其体力下降而取胜之。

3. 攻防类型

在散打比赛中，运动员的攻防类型有三种：一种是以主动进攻为主的进攻型；一种是以防守反击为主的防守型；另一种是能攻能守的综合型。在制定战术前，运动员要了解对方属于哪一种攻防类型，然后根据实际情况制定相应的战术。

4. 动态类型

在比赛中，运动员会表现出不同的动态类型，有的属于技术型，即主要靠良好的技术发挥得分取胜；有的属于力量型，进攻时主要依靠强大的力量威慑对方，削弱对方战斗力，以力取胜。对付前者要用封堵路线，改变距离等方法；对付后者需要运用以快制力、以巧制力的战术。

5. 心理素质

在比赛种，运动员的心理素质是一个十分重要的因素，有训练型和比赛型运动员的说法。有的运动员虽技术好，但心理承受能力差，遇到激烈对抗便产生惧怕、恐慌等心理障碍，影响技战术发挥，造成比赛失败。有的运动员无所畏惧，敢打敢拼，靠其临场稳定的心理素质从容对阵，发挥自己的优势，取得比赛的胜利。

第二节　战术形式

散打的战术形式，是指为了完成战术意图而由各种动作组成的具体方法。围绕着散打比赛可以制定很多种的战术形式，现在散打比赛中较常见的战术形式主要有以下几类。

一、直攻战术

直攻战术是指在没有虚晃及假动作的掩护下，使用方法直接进攻对方。运用直攻战术应具备以下条件。

（1）对方的反应速度、动作速度、移动速度弱于自己。

（2）对方的攻防动作不够熟练。

（3）对方耐力较差、近战能力较差。

（4）对方防守动作出现破绽、双方的距离能够有效使用进攻动作。

二、强攻战术

强攻战术是指硬性突破对方防守后发出的攻击。运用强攻战术的条件如下。

（1）对方近战能力比较差。

（2）对方耐力比较差。

（3）耐力、力量、速度素质比较好，但技术不如对方。

（4）身体素质较好，技术较全面，但比赛经验不如对方。

（5）对方心理素质比较差。

运用强攻战术时不要蛮干，要通过这一战术发挥我方之长来攻克对方之短。

三、佯攻战术

佯攻战术也称为假动作战术，即比赛中有目的地造成对方产生错觉，把对方引入歧途，实现真实进攻。佯攻战术也是散打比赛中最常见的战术之一。运用佯攻战术应具备的条件如下。

（1）我直接进攻遭到对方防守截击时，利用假动作声东击西，分散对方的注意力，趁机攻击其防守空当部位。

（2）促使对方对自己的假动作产生某种反应，而改变正确的防守姿势，然后加以利用。

四、迂回战术

迂回战术是指利用步法移动从侧面进攻。迂回战术运用的条件如下。

（1）对方力量较大，速度快，正面进攻火力强。

（2）对方集中注意力进行正面防守时。

运用迂回战术时，要注意移动的方向、角度、距离和进攻时机，还要注意步法的灵活性和身体位移的突变性。

五、先得分战术

先得分战术是指比赛中利用对方立足未稳，还没有适应比赛的机会，主动进攻对方先得分。得分后根据实际情况选择继续扩大战果或防守反击以保住得分。 运用先得分战术的条件如下。

（1）对方进入比赛状态较慢。

（2）对方比赛经验不足。

（3）对方立足未稳。

六、制长战术

制长战术是使用相应的方法控制对方的技术专长，使其不能够正常发挥的战术形式。每名运动员都有自己的技术专长，如果针对对方专长制定战术，使其专长不能发挥，从而被迫采用其他动作，这无疑起到制彼所长的作用。运用制长战术的条件如下。

（1）克制善于用拳法的对手。

（2）克制善于用腿法的对手。

（3）克制善于用摔法的对手。

（4）克制善于用重拳、重腿的对手。

（5）克制善于主动进攻的对手。

（6）克制善于防守反击的对手。

（7）克制能攻能守的对手。

七、制短战术

制短战术是指在比赛中集中力量专门进攻对方的薄弱环节，制其所短。每一名运动员在具备优点的同时也相对有自己的缺点，比赛中要善于发现其缺点，如有的运动员防拳能力差，有的运动员防腿能力差，有的运动员防摔能力差。

了解对方缺点有以下几个途径。

（1）通过观察对方训练或比赛以及回忆与对方交手的经历。

（2）通过比赛中试探性的进攻来判断对方的弱点。

（3）通过向与其交过手的队友询问。

了解到对方的弱点后制定相应的战术，以我之长处克制对方之短处，从而夺取比赛的胜利。

八、多点战术

多点战术是指进攻点立体交叉，全方位地攻击对方。在比赛中遇到技术水平较高的运动员时，单一的技术进攻很难奏效，应采取上、下、左、右，拳法、腿法、摔法综合运用，进攻点不断变化，针对对手的情况实施立体的攻击。使用多点战术时自身应具备的条件如下。

（1）技术全面，头脑灵活。

（2）要有较好的灵活性和动作转换的协调能力。

九、重创战术

重创战术是用力量打击对方，使其失去战斗力。实施重创战术需要一定的身体、技术条件。在规则允许范围内，寻找、制造机会，用重拳或重腿打击对方，使对方的身体、心理受到威慑，失去继续比赛的信心和能力。实施重创战术的条件如下。

（1）自身要具备一定的身体、技术条件。

（2）当自己的攻击力量或技术比对方好但耐力差时。

（3）攻击力量虽好但技术不如对方或比分落后的情况下。

（4）因其他因素不能持久战，在规则允许的范围内寻找机会重创对方。

十、突袭战术

突袭战术是针对对方自然产生的习惯动作，采用相生相克的方法进攻对方。以下情况可以采用突袭战术。

（1）比赛开始，裁判员“开始”口令刚落，迅速使用进攻动作突然发动进攻，攻其不备，打他个措手不及。

（2）在一个回合进攻中，裁判员并没有喊“停”，双方运动员停止了进攻自然分开时，这时抓住机会突然进攻，出其不意。

十一、防守反击战术

防守反击战术是待对方发出进攻动作后，在防守的过程中反击对方。运用防守反击战术应具备以下条件。

（1）对方进攻动作比较单一。

（2）对方性情急躁，缺乏比赛经验，喜欢猛冲猛打。

运用防守反击战术时，可以以防守反击为主，主动进攻为辅，以主动进攻掩盖自己反击战术意图。刺激对方，使其更加急躁，为反击战术创造条件。

十二、下台战术

下台战术是指比赛中采用方法迫使对方掉下擂台的战术手段。下台战术按其形式可分为牵引下台和逼打下台两种。牵引下台是指借用对方的力量，引进落空来达到使对方下台的目的。逼打下台是指当对方退至警戒线时，使用动作连续进攻将对方打下擂台。运用下台战术应具备的条件如下。

（1）对方比赛经验少、训练水平低。

（2）在自己落后的情况下，须孤注一掷时。

（3）将对方引诱到擂台边缘，借力打力将对方打下擂台。

（4）对方已经退到擂台边缘时，抓住机会连续进攻，将对方打下擂台。

十三、边角战术

边角战术是利用比赛中对方退到擂台边缘怕掉下去的心理进行攻击的战术。实施边角战术时应注意的问题如下。

（1）在比赛中对方因有怕掉下擂台的心理因素，在临近边角时技术容易出现漏洞，此时抓住机会连续进攻，成功率较高。

（2）使用边角战术时，自己要较好地把握住距离感、空间感。以免因用力过猛或上了对方的圈套，反而自己掉下擂台。

十四、体力战术

体力战术是通过合理地分配体力来取得比赛胜利的战术方法。耐力好的运动员发挥自己体力比对方好的优势，在比赛中让对手和自己一直处于不断的运动中，消耗对方的体力，使对方因体力不支而影响技术和战术的发挥。实施体力战术时要根据对手情况而定。

（1）对方技术较弱，可以保持体力以技术取胜。

（2）对方技术好，可以采用消耗对方体力的打法取胜。

（3）如果双方实力相当，要打持久战。

（4）如果知道对方耐力差，应打体力消耗战。不给对方喘息的机会，使对方体力迅速下降，以此取胜。

十五、心理战术

心理战术是通过一些特定的方式和措施，给对方造成心理上的影响，从而取得比赛胜利的方法。心理战术形式多样。

（1）比赛开始前利用表情、动作，威慑对手。

（2）激怒对方或松懈对方的斗志。

（3）赛前隐瞒实力或夸大自身实力，给对手造成心理压力。

散打战术中，运用反击战术、佯攻战术、制长战术、制短战术、边角战术等，其目的就是迫使对方紧张、急躁，造成心理压力，从而影响技术的发挥，造成比赛失败。

十六、规则战术

竞技散打比赛是在一定规则限制的前提下进行的，但规则也有限制模糊或介于基本允许的地方，比赛时要认真研究比赛规则，使用各种制胜的办法攻击对手。

第三节　战术训练

一、战术训练的基本要求

1. 努力培养战术意识

培养战术意识是战术训练的中心环节。比赛时合理战术的制定，靠赛前对对手的了解，靠教练和运动员共同的智慧。但比赛场上是瞬息万变的，这就要求在平时的训练中，运动员必须有独立的判断能力、战术思维及应变能力，这样才能根据对手情况制定相应的战术，提高战术意识水平。

2. 基本战术与多种战术相结合

在战术训练中，运动员首先要熟练掌握几套基本战术。在掌握基本战术的基础上根据自己的特点，选择几种适合自己的其他战术反复练习，做到各种战术之间运用灵活，以应对各种战局的需要，但要注重实效性、实用性。

3. 要重视战术训练的质量

在战术训练中，不仅要求运动员全面掌握战术形式的具体使用方法，同时要求具有较高的质量。要严格按实战中的要求去练习。战术动作时机、力量、判断、反应、距离、方向和角度等，都要以较高质量来完成。

4. 战术训练要与其他训练相结合

战术训练质量的好坏，与身体训练、技术训练、心理训练有着密切的关系。运动训练内容的各部分之间相互影响、相互联系、相互促进，共同反映在运动员的身上。因此，战术训练要与身体、技术、心理等训练协调进行。

二、战术训练的方法

1. 假设性训练

假设性训练要求运动员精神高度集中，假想面对对手的实战态势，设想对方采用的技术和战术，并设想用什么样的战术去对付想象中的对手。运动员可以设想各种情况进行空想空击，也可面对沙包、树干、假人等目标，采用想练结合的方法，主要目的是培养战术意识，掌握各种战术的具体用法。

2. 战例分析训练

运动员选择一些反映战术特点和应用战术较典型的比赛录像片段，或以一个完整的战术反复看。典型片段可选择战术运用好的，也可选择运用不好的，还可以分析自己的比赛。运动员根据各种情况进行分析、总结，研究相应的战术。

3. 战术分解训练

一种战术形式往往需要由几个技术动作组成。为了使每一个技术动作掌握得牢靠、扎实，运动员可将其分解开，一个动作一个动作地训练，然后再进行完整的战术形式训练。例如，练习佯攻战术时，以指上打下为例。指上（直拳）、打下（侧踹腿），第一步先练直拳，练习时要求出拳速度快，虽是佯攻动作，但要逼真，引起对方的注意；第二步练习侧踹腿，要求侧踹腿启动要突然、果断、有力；第三步将直拳和侧踹腿进行完整练习。

4. 模拟训练

由教练或同伴根据不同对手的情况进行模仿，而采取的一种针对性专门练习，提高战术适应能力和运用能力。例如，模拟主动进攻型的对手，模拟防守反击型的对手，模拟重拳重腿的对手，模拟擅长拳法的对手，模拟擅长腿法的对手，模拟擅长摔法的对手，以及比赛中的各种情况。要求模拟者动作要真实，以提高练习者的适应能力和战术运用能力。

5. 条件实战

条件实战主要是训练和培养运动员的战术意识和战术运用能力，训练时可根据其任务和内容做一些规定和要求。根据战术的需要，教练员或同伴规定一定内容或使用的动作范围进行对抗战术训练。条件实战的方法很多，有限制进攻和防守的实战对抗；有限制击打部位的对抗等。如练习防守反击战术，指定一名运动员使用各种动作进攻，另一名运动员只能防守反击，不能主动进攻，以此来强化防守反击战术训练。

6. 实战比赛

散打训练最终的形式是实战，实战是检验技术水平、战术水平的有效手段。按照竞赛规则的要求和规定，在比赛的条件下，训练和培养运动员运用战术的能力，丰富临场比赛经验，也可根据从难、从严、从实战需要出发，安排有特定条件的比赛。另外，通过与兄弟队合练或邀请比赛的机会，进行战术训练，效果更好，同时应及时进行总结，养成研讨战术的良好习惯，牢固地树立战术观念。

第六章
散打运动身体素质训练

身体素质通常指的是人体在肌肉活动中所表现出来的各种能力，一般包括力量、速度、耐力、灵敏和柔韧等素质。任何形式的运动对身体的需求，都是通过上述五种素质的机能能力来表现的。通过运动和比赛的实践证明，良好的身体素质能保证运动员更好地掌握复杂、先进的技术动作，能够承担大负荷训练和激烈的比赛，不断提高运动成绩；身体训练对预防运动员的伤病，延长运动年限也有重要意义。散打运动同其他各类运动一样，也需要有较好的身体素质。

散打运动要求运动员身体素质全面发展，只有身体素质全面才能完成高质量的动作，并能做到速度快、力量足、反应灵敏等；才能在不同的状态和情形下，巧妙而合理地运用散打运动中的各种技术动作；才有可能在对抗中占据优势，在比赛中取得胜利。

第一节　力量素质训练

力量素质是指人的机体或机体的某一部分肌肉工作（收缩和舒张）时克服内外阻力的能力。力量素质是其他素质的基础。力量素质是散打运动员的基本素质之一，它与其他素质有着极为密切的关系，往往影响到其他素质的发展。力量素质也是掌握运动技术、提高运动成绩的基础。因此，力量素质是散打运动员运动水平的重要指标之一。散打运动要求肌肉收缩产生出来的效应是复杂多变的，它是由技击的特殊性所决定的，要根据对手所处不同状态的时机而发生。所以，散打运动的力量素质不仅要积极锻炼，还要有科学的训练方法。

一、发展绝对力量的练习

发展运动员的绝对力量基本采用本人最大力量的60%～70%的负荷重量，重复次数为8～12次，组数以不降低重复次数为原则，每组间歇时间为2～5分钟。训练经常采用的方法如下。

1. 杠铃屈臂

两脚左右开立，两手反握杠铃，提杠铃至腹前，以肘关节为轴做两臂屈伸动作。

2. 卧推

仰卧在长凳上，做卧推杠铃动作。

3. 负重仰卧起坐

将两脚固定或请同伴扶按两脚，两手持杠铃片置于脑后，做仰卧起坐动作。

4. 负重俯卧体后屈

俯卧，两脚固定，两手持杠铃片置于脑后，做身体抬起动作。

5. 负重深蹲

肩负杠铃深蹲起。

6. 负重登台阶

肩负杠铃，左腿踏在约50厘米高的木凳或台阶上，右腿支撑，左腿积极向上蹬起，并使右腿屈膝抬起；左脚落地时，右脚踏在木凳或台阶上，两腿交替。

二、发展速度力量的练习

速度力量具有速度和力量综合的特征，速度力量训练实际上是动作速度的训练，即快速完成动作的能力，它的表现形式就是爆发力，这是速度力量训练的最终目的。发展运动员的速度力量应采用小重量的负荷或不加外界负荷，练习时动作速度快而连贯。训练中，经常与基本动作相结合，主要方法如下。

1. 马步推砖（哑铃）

两脚并立，屈膝下蹲成马步，两手持砖（哑铃），屈肘置于胸前，手心向内，然后左、右手依次向前推出；推砖时，借助腰力，转腰顺肩，旋臂伸肘，爆发用力。

2. 蹲跳冲拳

半蹲或全蹲，两手握拳，屈肘抱于胸前；当右腿上步时，冲左拳；当左腿上步时，冲右拳，并收回左拳。

3. 腿法练习

腿系沙袋做蹬、踹、弹等各种腿法练习。

三、发展力量耐力的练习

在散打训练中的力量，首先是爆发力，其次便是力量耐力。发展运动员的力量耐力多采用小重量负荷，重复次数多，直至极限的重复次数，主要方法如下。

1. 俯卧撑

身体俯卧，两手臂屈臂支撑，再用力伸直。两手亦可握拳或十指撑地，以增加练习难度。

2. 推小车

同伴帮助将两腿抬起，做两臂支撑向前爬行。

3. 肋木举腿

背靠肋木，两手抓握横木悬垂，做收腹举腿动作。

4. 蹲步换跳

一腿屈膝全蹲，另一腿前伸，跳步交换两腿。

5. 拧木棒、竹捆

两手以不同的抓握法拧转木棒、竹捆。

6. 拧卷重物

用绳子系好几块砖，或一个杠铃片、护铃等，绳子的另一端固定在一短棒中间，两臂平举，左、右手依次向内拧转，卷起重物；然后再向外拧转，慢慢将重物降下。

四、力量训练的要求和注意事项

（1）发展大肌肉群力量和发展小肌肉群力量的训练结合起来进行，防止训练的片面性。要注意的是，练习安排必须遵循大肌肉群练习在前、小肌肉群练习在后的原则，因为小肌肉群比大肌肉群较早或较容易疲劳。

（2）科学地调整和安排运动负荷。若发展绝对力量，需要采用强度大、重复次数少的练习；若发展速度力量，要求练习者在最短的时间里发挥出最大的力量；若发展力量耐力，则采用负荷强度小、重复次数多的练习。根据散打运动的特点，应充分注意发展速度力量和力量耐力。

（3）力量训练后，要特别注意肌肉的放松调整。肌肉收缩能力的大小不仅取决于肌纤维收缩的能力，也与肌纤维的放松能力有关。放松练习也可以与其他练习交替进行，防止肌肉僵化，提高肌肉的弹性。

（4）力量训练要与专项技术动作拳、腿、摔的力量练习相结合。力量练习要有的放矢，要与专项技术动作的结构和发力特点密切结合起来，这是力量练习中不可忽视的原则之一。

（5）力量练习时，要在中枢神经系统处于最好的状态下进行。兴奋性高时，发生的神经冲动就会强而集中，动员参加收缩的肌纤维数量或运动单位数量就多，力量训练效果就会更好。

（6）力量训练的数量，刚开始训练的人每周三次效果较好，训练有素的可安排多一些。由于大肌肉群的工作能力恢复较慢，赛前7~10天的训练，都不要安排极限重量较大部位肌肉群的练习。

第二节　速度素质训练

速度素质是指人体或人体某部位快速运动的能力，也就是人体或人体某一部位快速做出运动反应、快速完成动作、快速移动的能力。通常，速度素质可以分为反应速度、动作速度、位移速度三种。散打运动对速度素质的要求，突出在反应速度和动作速度上。对抗中，对各种信息反应的快慢和出手进招的快慢是取胜的关键因素。

一、反应速度训练

反应速度以神经活动过程中反应时间为基础，取决于信号通过神经传导所需时间的长短。通过训练，最高的反应速度次数出现得多，就是反应速度稳定性好。如在实战中的一个防守动作，通过多次重复练习，使其动作速度力量、协调时间都达到了相当高的程度，缩短其反应速度。反应速度的训练方法如下。

1. 简单动作反应速度的训练

散打训练中的打靶练习。教练规定好练习的动作，突然亮靶，运动员尽可能以最快的速度做出打击动作。

提高简单动作反应速度，主要取决于运动员对动作的熟练程度。对于初学者采用游戏和球类等活动，就可以发展简单动作反应速度，而且可以达到良好效果。但是，如果要把散打中的一些简单动作反应速度提高到一定程度，就必须采用专门的方法和手段。

2. 复杂动作反应速度的训练

散打比赛，攻防激烈，瞬息万变。对于复杂动作反应速度有着更高的要求，而且它与技术、战术训练密不可分。因而，最主要、最有效的方法是条件实战、实战和参加比赛。对抗双方只有在实战中，特别是在比赛中，才能暴露出问题，选择的动作是否正确、有效，只有在实战运用中得到检验。

对对方进攻动作的反应并做出选择，它包括发现进攻、判断速度和击打部位、选择动作方法、实现方案四个阶段。提高运动员复杂动作反应主要是缩短观察与判断的能力。具体方法如下。

(1) 提高预料能力。这种能力的培养可以采用单独的防守实战练习，如教练规定双方1 ~ 2种的进攻与防守动作；一方进攻，另一方防守。要求防守运动员抢先于进攻一方之前发现其动作，并准确做出防守动作，但最重要的一点是，双方都要从实战要求出发认真练习。

(2) 采用带有防守、进攻组合动作的打靶练习。要求运动员抓住一切可能出现的预兆，如发力前的预摆、面部表情、身体特点等。如果能准确地意识到对手可能采取的进攻方式，就可能准确选择相应动作来应对，达到缩短反应时间的效果。

(3) 采用“示”靶训练，提高选择反应时间。教练持靶，在不同的位置突然示出，规定好运动员在不同位置的打靶动作组合，并要求快速完成。这一方法是建立在技术动作的熟练程度、质量以及个人特点和协调能力等基础上。它是一种提高技术、训练战术的有效手段。

二、动作速度训练

动作速度是指人体或人体的一部分完成单个动作或成套动作的快慢以及单位时间内重复动作次数多少的能力。动作速度除了决定于信号在各环节中神经传递速度，还与神经系统对人体运动器官指挥能力关系密切。如兴奋冲动强度大，加之传递速度快，协调性好，即指挥的能力强，动作速度必然快。此外，动作速度的快慢还与人体各器官系统的准备状态、快速力量与速度耐力水平以及动作熟练程度有关。动作速度的训练方法如下。

1. 减轻护具的打靶组合训练

减轻护具的打靶组合训练是以提高运动员动作速度为主，同时兼顾速度耐力的训练，与力量训练和耐力训练有所不同。它需要将运动员的护具减轻或去掉，在不影响技术动作的前提下，达到速度转移的良好效果。

2. 利用器械重量的变化训练

运动员负重由重到轻的训练，可以提高动作的加速度和动作力量，这在训练学中叫作后效作用。安排的次序为：加重——标准——减轻。如可先采取加重护具的空击（重拳套、护腿、沙袋等），而后用标准护具的空击，最后不用穿护具的空击。

3. 利用声响、手势发出速度感觉指令训练

教练通过击掌发出指令，运动员以最快的动作速度跟上击掌频率，完成如左、右冲拳，踢腿等动作。

4. 利用“疾跑”效果，把加速度引入主要动作

速度练习，包含从静止到最大速度的疾跑阶段，它是提高速度最重要的前提。散打的各种拳法、腿法前的上步及转体动作，都是尽可能地将上步与转体的加速度引入拳法与腿法之中，提高打击的力量。在训练中，可将带有转体，上步连接的各种比较典型的动作提出来进行训练。如将转体的加速引入转身鞭拳的最后用力，提高鞭拳的动作速度。

5. 比赛法

采用比赛法使运动员情绪高涨，表现出最大速度的可能性就会增加。如测验赛、选拔赛、邀请赛等形式，提出明确的任务，让运动员认识到比赛的重要性。

6. 游戏法

像比赛法一样，可以激发运动员高涨的情绪。同时，由于游戏过程中能引起各种动作变化，还可以防止因经常安排表现最大速度的练习而引起“速度障碍”的形成。如“投人”游戏：让运动员在规定的区域内或擂台上，四边各站一名投手，用球或拳套等软物，通过传递，投击运动员。这样，运动员不仅要随时快速地调整位置，而且还要闪躲以防被物击中，从而达到了提高动作速度的目的。

三、发展速度素质的要求和注意事项

由于速度练习具有极限强度，并伴有很大的心理紧张，同时动作速度在疲劳的状况

下会产生下降。因此，在一堂训练课中，速度练习的量相对于其他练习来讲是不可能很大的。

（1）以最快的速度完成动作。

（2）采用的动作应是练习者已熟练掌握的。

（3）练习的持续时间不应超过30秒。

（4）专门性的动作速度练习与比赛的动作结构相似。

（5）运用举重物做专门性动作速度练习时，重物的重量应比培养单纯力量和速度力量时的重量小。

（6）要严格掌握好练习的间歇时间和休息方式。

第三节　耐力素质训练

耐力素质是指机体在一定时间内保持特定强度负荷或动作质量的能力。保持特定运动强度或动作质量是耐力水平的体现。耐力水平的提高表现为更长时间保持特定强度或动作质量，或在一定时间内承受更高强度的能力。散打运动是一项融各种运动素质为一体的综合性运动项目，它对于耐力素质的要求也是全面的。运动员参加比赛，必须具备有打一场三局、坚持到比赛最后的充沛体力，保证其在比赛中正常地发挥和有效地运用技术、战术。另外，耐力素质会影响其他素质。

在运动中由于疲劳的出现，力量、速度、灵敏、柔韧等素质都会受到严重影响。

因此，应把耐力素质练习安排到经常性的训练中去，并占有一定的比重。

一、有氧耐力训练

有氧耐力训练主要采用强度小、负荷时间长的各种练习。

（1）匀速跑。心率控制在150次/分左右，负荷时间可保持在30分钟以上。

（2）越野跑。强度及负荷时间同上。

(3) 跳绳。双脚跳或两腿交替的单脚跳均可，摇绳频率不变，跳8 ~ 10分钟或长时跳绳。跳绳不仅是发展耐力素质的有效方法，还能发展运动员的协调性、节奏感和踝关节的弹跳力，可有效地提高步法的灵活性。

（4）足球、篮球等球类比赛。

二、无氧耐力训练

无氧耐力训练主要采用负荷时间短、练习密度大、短间歇的做法。发展运动员的无氧耐力，除采用如60 ~ 80米间歇跑、100 ~ 400米变速跑等练习，密度大、间歇时间短的中短距离跑以外，应更多地同散打专项技术练习结合起来。

1. 空击

空击一般选用散打技术动作以及小组合作进行，限制时间、规定组数，如连续不断地快速做左、右冲拳3分钟，间歇1分钟，做3 ～ 5组；左、右蹬腿2分钟，间歇30秒，连续做3 ～ 5组；拳腿并用，攻防结合3 ～ 5分钟想象练习，间歇2 ～ 3分钟，做3 ～ 5组。

2. 打沙包

打沙包是进行拳法或腿法以及组合动作的计时练习，一般3 ～ 5分钟，间歇1 ～ 3分钟，要求以最快的速度全力完成。

3. 坐桩

坐桩采用实战或条件实战练习。由一人坐桩，连续打3 ～ 5局，每打一局轮换一体力充沛的同伴与其对抗。坐桩练习，一般不宜在基础训练阶段采用，即使具有一定技术水平的运动员，安排也不宜过多，以免在体力不够的情况下，破坏动作的正确定型。

三、发展耐力素质的要求和注意事项

（1）根据练习任务的要求，科学地安排练习的数量、强度、重复次数、间歇时间和休息的方式。

（2）散打运动员的耐力具有力量性的特点，增加力量练习的次数是发展肌肉耐力的一个有效方法。

（3）根据散打比赛长时间、大强度、激烈对抗的特点和运动员的身体训练水平，科学地安排有氧耐力和无氧耐力的训练，并使无氧耐力的训练尽可能多地结合专项进行。

（4）耐力训练不仅是身体方面的训练，也是意志品质的培养过程。因此，在耐力训练中除采用多种多样的训练手段外，还应培养运动员刻苦耐劳、坚忍不拔的意志品质。

第四节　灵敏素质训练

灵敏素质是指在各种突然变换的条件下，运动员能迅速、准确、协调地完成动作的能力，它是各种素质的综合表现。灵敏素质对散打对抗来说十分重要，它是在环境因素不能事先预料而运用技术的关键素质，是在对抗中取胜的基础。衡量灵敏素质的标志，是运动员在各种复杂变换的条件下，能够迅速、准确、协调地做出某些相应的动作。

灵敏素质的好坏与掌握运动技能的多少和熟练程度具有很大关系。一个技能储备多、技术熟练的运动员，在做各种动作时就能表现出较好的灵敏素质；心理素质不好、犹豫不决的人，就会使肌肉处于不良的运动状态，从而影响灵敏素质的发挥和发展；另外，体内肌肉和脂肪的比例，也是决定灵敏素质的一个因素。脂肪多、体重大，灵敏素质相对就差。

一、灵敏素质的训练方法

（1）让运动员在跑、跳过程中迅速、准确、协调地做出各种动作，如快速改变方向、各种躲闪、突然起动、快速急停、迅速转体等练习。

（2）专门设计复杂多变的组合练习等。如左直拳－左侧踹腿－左右直拳；左正蹬腿－右直拳－右高侧弹腿；左低侧弹腿－左直拳－右直拳－右高侧弹腿－右摆拳。

（3）各种改变方向的追逐性游戏和对各种信号做出应答反应的游戏等。

二、注意事项

灵敏素质是人体综合能力的表现。在发展灵敏素质的训练中，应从培养各种能力入手，如掌握动作的能力、反应能力、平衡能力、观察能力、节奏感等。另外，灵敏素质的训练时间不宜过长，练习重复次数不宜过多。因为当机体疲劳时，各方面的机能就会下降，这种情况不利于灵敏素质的提高。

（1）练习方法、手段应多样化并经常改变。

（2）掌握本专项一定数量的基本动作。

（3）抓住发展灵敏素质的最佳时期。

（4）灵敏素质练习时应注意消除练习者的紧张心理状态。

（5）合理安排训练时间。

（6）灵敏素质的练习应有足够的间歇时间。

（7）应结合专项要求进行训练。

第五节　柔韧素质训练

各项运动都要求有相应的柔韧素质，尤其武术运动对柔韧素质有着较高的要求。柔韧素质的好坏，主要取决于关节周围的韧带、肌腱、肌肉等软组织的伸展能力。这里需要强调指出的是，柔韧素质包括两方面的内容：一是柔；二是韧。各项运动对韧的要求往往大于对柔的要求，但最初在训练中一般是先柔后韧。

一、柔韧素质的训练方法

1. 主动形式的练习

主动形式的练习是指运动员依靠自己的力量使肌肉拉长和加大关节活动的范围。

（1）压肩。

面对肋木（或一定高度的物体）站立，距离一大步，两脚左右分开，与肩同宽或稍宽；两手抓握肋木，上体前俯（挺胸、塌腰、收髋）并做下振压肩动作。也可以两人对面站立，互相扶按肩部，做体前屈的振动压肩动作。

（2）单臂绕环。

成左弓步站立，左手按于左膝上（也可两脚开立，左手叉腰），右臂垂于体侧；右臂由上向后、向下、向前绕环和向后绕环；右臂由上向前、向下、向后绕环和向前绕环。练习时，左、右臂交替进行。做左臂绕环时，换右弓步站立。

（3）交叉绕环。

两臂直臂上举，左臂向前、向下、向后，右臂向后、向下、向前；同时于身侧画立圆绕环，练习时可交替进行。

（4）乌龙盘打。

两脚开立，略宽于肩，两臂垂于体侧。左脚向左一步成左弓步，上体随之左转；同时右臂向左前下方伸出，左掌手心向里，掌指向下，插手右臂肘关节处；上动不停，上体右转成右弓步；同时右臂伸臂由左向上、向右抡臂画弧至右上方，左掌落垂左下方；上动不停，上体右后转；同时右臂向下、向后抡臂画弧至右下方，左臂直臂向上、向前抡臂划弧至前上方；上动不停。上体左转成右扑步，同时右臂直臂向上、向后、向下抡臂画弧至右腿侧拍地；左臂向下、向左抡臂画弧停于左上方，练习时左、右交替进行。

（5）正压腿。

面对肋木或一定高度的物体，并步站立，左腿提起，脚跟放在肋木上，脚尖勾起，踝关节紧屈；两手扶按膝上，两腿伸直，立腰，收髋，上体前屈并向前、向下做压振动作。练习时，左、右腿交替进行。

（6）侧压腿。

侧对肋木或一定高度的物体，右腿支撑，脚尖稍外撇，左腿举起，脚跟放在肋木上，脚尖勾起，右臂屈肘上举，左掌附于右胸前；两腿伸直，立腰，开髋，上体向左侧压振。练习时，左、右腿交替进行。

（7）后压腿。

背对肋木或一定高度的物体，并步站立，两手叉腰或扶一定高度的物体，右腿支撑，左腿举起，脚背放在肋木上，脚面绷直，上体后屈并做压振动作。练习时，左、右腿交替进行。

（8）竖叉。

两手左右扶地或两臂侧平举，两腿前后分开成直线坐于地上，前腿后侧着地，脚尖勾起，后腿的内侧或前侧着地。

（9）横叉。

两手在体前扶地，两腿左右分开成直线，脚内侧着地，成上体俯卧，并可侧倾。

（10）前俯腰、涮腰。

前俯腰：并步站立，两手手指交叉，直臂上举，手心朝上，上体前俯，两手尽量贴地。然后两手松开，抱住两脚跟腱，逐渐使胸部贴近腿部。持续一定时间后再起立，还可以向左或向右侧转体，两手在脚外侧贴触地面。

涮腰：两脚开立略宽于肩，以髋关节为轴，上体前俯，两臂随之向左前下方伸出；然后向前、向右、向后、向左反转绕环，左、右方向可交替进行。

2. 被动形式的练习

被动形式的练习是在别人的帮助下使肌肉伸展和关节的活动范围增大。它对于主动形式来说，其效果要小些，尤其被动的静力性练习更是这样。但它却可以达到更大的被动性柔韧性指标，进而又可提高主动柔韧性的指标。因此，在训练过程中两者须兼而有之。

（1）肩臂练习。

利用肋木压肩时，可由另一人骑坐或手按，脚踏在练习者的背部或肩部，有节奏或静止地给予助力。

（2）腿部练习。

腰部可采用各种形式的扳腿，如正扳腿、侧扳腿、后扳腿等。

（3）腰部练习。

腰部主要有“压桥”等方法。

（4）髋部练习。

髋部可采用各种形式的按、踩方法，如练习者在进行劈叉时，教练可用脚踩或用手按压练习者的髋部。

二、柔韧素质训练的要求和注意事项

根据武术散打运动的特点，柔韧素质训练要注意全面性，尤其要注意下肢柔韧素质练习，同时要控制好柔韧性的发展水平，虽然散打技术对柔韧性有较高的要求，但超过关节的解剖学结构限度的灵活性，也就是过分地发展柔韧性会导致关节和韧带的变形，影响关节结构的牢固性，某些部位柔韧性的过分发展甚至会影响到运动员的体态。

柔韧性练习要经常，要持之以恒。柔韧素质与其他素质比较起来，容易发展，也容易消退，因此，柔韧性的训练要经常。其可安排在课前的准备活动、基本部分的结束阶段或课后进行。另外，放在其他练习之间的休息间歇，特别是力量练习和速度练习之间的休息间歇时进行都可以收到良好的训练效果。

随着柔韧性水平的提高，练习者应逐步加大幅度，但不能急于求成，要循序渐进，特别是在同伴帮助下进行被动性练习时更应谨慎，以避免肌肉和韧带拉伤。

柔韧性练习前应充分做好准备活动。肌肉伸展性与肌肉的温度有关，通过准备活动，提高肌肉的温度，降低肌肉内部的黏滞性，有利于柔韧性的发展。

第七章
散打运动损伤的预防与处理

第一节 散打运动损伤概述

散打运动是一项深受我国广大青少年喜爱的民族体育项目。它不仅可以锻炼身体、增强体质，还能提高人们的防身自卫能力，锻炼坚强的性格，因而被看作是一项勇敢者的运动。为了满足广大青年学生对散打运动的强烈兴趣，提高运动效果，近年来，我国不少普通高校将散打运动引入体育教学和课外体育锻炼，吸引了大量学生的积极参与。散打运动在我国普通高校大力普及。然而，由于散打运动具有激烈的对抗性特点，伴随着普通高校散打教学和课外辅导、训练活动的开展，运动损伤时有发生。众所周知，普通高校的体育活动属学校体育范畴，其主要目的在于全面发展大学生的身体素质，培养终身体育的锻炼意识和从事体育锻炼的习惯和能力，使其成为德智体美劳全面发展的人才。因此，预防运动损伤应成为普通高校开展散打活动的前提。

散打运动的损伤多为急性损伤，发生急性损伤的人数比例较高，慢性损伤比例较低，其中又以闭合性软组织损伤为多发。其次为关节韧带和肌肉拉伤，以关节扭伤最常见，如拇指、食指、脚趾关节韧带的扭伤，踝关节的扭伤，副韧带的拉伤等。散打运动损伤的特点是由其项目本身的特点所决定的。散打运动是两人按照一定的规则，运用武术中的“踢、打、摔”等攻防技法来较智较技。高强度的运动和极限强度的打击容易引发急性损伤。

在散打运动员所发生的损伤中，不同的身体部位受伤的概率不同。有研究表明，首先头面部损伤的比例最高，其次就是手腕部损伤，第三位是踝部损伤，小腿部损伤比例也不小。可见散打运动员损伤的部位主要集中在头面部、手腕部、踝部和小腿部。

有很多原因导致运动损伤。散打运动导致受伤的原因主要表现在以下几方面：思想认识不足、保护意识不强、自我保护能力差、准备活动不充分、组织不严密、技术错误、运动量过大、安全保障设施不完善、违反规则等。

第二节　常见的运动损伤及相应处理

运动损伤的防治在散打运动中占有重要的位置。如果了解和掌握散打运动损伤发生的规律和原因，做好预防，就能最大限度地减少或避免运动损伤，从而保证训练和比赛的正常进行。同时，教练员和运动员必须掌握运动损伤的处理及救治方法，从而最大限度地减少运动损伤后的不良后果，以保证伤情早愈。

一、擦伤及其处理

擦伤是皮肤受到粗糙物体表面的外力摩擦而引起的皮肤表层损害，主要表现为出血或组织液渗出。运动员在踢靶、打靶或相互对抗时，以及倒地动作中，皮肤与皮革接触都会导致擦伤，主要集中在脚背、手、臂、口、眼、鼻等部位。擦伤是皮肤表面受伤，是外伤中最轻、最常见的一种。如果擦伤面积较小，可用碘伏杀菌消毒，无须包扎，晾干即可。若擦伤面积较大，应用碘伏或酒精在伤口周围消毒，再用生理盐水冲洗，然后用绷带包扎。

二、撕裂伤及其处理

散打运动的撕裂伤多发生于面部，尤其是眼角、眉弓部，还有额部、唇部。唇部还可因护齿或牙齿切割黏膜而受伤。

撕裂伤的主要处理方法是早期清创缝合和预防破伤风。对受伤部位用生理盐水和过氧化氢反复冲洗消毒，然后止血加压包扎，伤口小者，可用粘膏黏合即可；如伤口创面较大可能发生感染，应及时送医院，由医务人员做清创术，清除污物、异物或坏死组织，进行止血，缝合伤口，口服抗菌药物，并注射破伤风针。当面部发生撕裂伤后，为了继续比赛，先用生理盐水冲洗，肾上腺素液棉球压迫止血，再用黏胶缝合。

三、挫伤及其处理

运动员在互相对抗时，由于防守不到位，头部、躯干受到重击，或失衡倒地、自我保护不当，都有可能发生挫伤。尤其是小腿的前部及脚背部位，很容易发生挫伤。

挫伤一般有疼痛感（先轻后重，一般持续24小时）、出血、肿胀以及功能障碍等，疼痛程度因人而异。大多数病例挫伤后，出血逐渐吸收，皮肤表面有时会出现皮肤瘀斑。挫伤是闭合性伤口，一般不会产生感染，但少数挫伤伤员因为受伤较重继发感染化脓。严重的挫伤，尤其是小腿或肘关节的严重挫伤，有时妨碍血液循环，引起局部肌肉的缺血性痉挛。早期症状主要是肢体末端的青紫肿胀、麻木、发凉和运动障碍。

对于单纯性挫伤，立即施行局部冷敷后外敷新伤药，加压包扎，抬高伤肢。对于复杂性的挫伤，并伴有休克症状时，急救处理的首要步骤是纠正休克，将伤员安放在适当位置休息。上肢及手部的挫伤可利用绷带悬吊使患者休息。下肢挫伤则静卧床上，同时冷敷加压包扎，有利于减少出血肿胀。肌腱断裂者以及其他严重挫伤情况，做好止血、止痛、固定包扎后，立即送医院治疗。

四、韧带拉伤及其处理

关节韧带损伤主要是由间接外力作用引起的一种闭合性损伤，在体育活动中最常见的是踝关节、膝关节、掌指关节和肘关节韧带损伤。轻者仅是少量韧带纤维断裂，重者则是部分韧带纤维断裂或韧带完全断裂，甚至引起关节半脱位或完全脱位，同时还可合并关节内滑膜、软骨损伤或撕脱性骨折等。

伤后局部疼痛、肿胀，若伤及滑膜或韧带断裂及合并其他组织损伤时，出现整个关节肿胀或血肿，局部有明显压痛。轻者关节活动受限，重者韧带完全断裂或撕脱时，关节有不稳或松动感。

关节韧带伤后应视情况进行应急处理，关节韧带部分扭伤或部分韧带纤维断裂者，立即冷敷，加压包扎，抬高伤者患处并休息，以减轻出血和肿胀。24 ~ 48小时后，拆除包扎固定，根据伤情可采用中药外敷、痛点注射药物、理疗和按摩等，但热疗和按摩刚开始时只能用于伤部周围，3天后才可用于伤部。韧带完全断裂者，经急救处理后把伤者送往医院，以争取早期手术缝合或固定。关节韧带损伤时，当关节肿胀和疼痛减轻后，在不引起疼痛或疼痛加重的原则下，尽早进行伤肢功能性活动，防止肌肉萎缩和组织粘连，以促进功能恢复。

五、肌肉拉伤及其处理

肌肉损伤除由直接外力作用引起肌肉挫伤外，主要是在间接外力作用下肌肉拉伤，肌肉拉伤是身体局部闭合性组织损伤之一。肌肉拉伤后，轻者局部疼痛、肿胀、压痛，活动功能有一定障碍。严重者，如果肌肉断裂，在受伤时多有撕裂感或听到一定声响，有刀割般疼痛，随即失去控制相应关节的能力，部分功能丧失，有的在撕裂处可摸到凹陷，如果让断裂收缩，可在凹陷处摸到膨大的肌肉断裂，伤处附近可出现血肿。肌肉拉伤以大腿后肌群、腓肠肌、股四头肌、大腿内收肌及背部的肌肉多见。

受伤后应立即停止运动，适当抬高患部，休息，局部应做冷敷，然后用绷带或小毛巾做加压包扎，促使血管收缩，减少出血，减轻肿胀，一天之内切忌热敷和乱揉乱捏。剧烈疼痛者，可内服止痛药物镇痛；两天后可进行局部热敷、按摩、红外线照射等物理疗法；拉伤严重，有肌肉断裂者，应速去医院诊治。

六、急性腰部扭伤及其处理

急性腰部扭伤，又称“闪腰”，有明显的外伤史，它可发生在肌肉、韧带、筋膜及小关节部位。90%的病例发生在腰骶部和骶髂关节。腰痛可于伤后立即出现，也可一两天后出现。运动员自身腰、骶部肌力不足，也是造成急性腰扭伤的主要原因。

受伤后，患处隐痛，随意运动受限，不能弯腰，24 ～ 48小时后症状达高峰。扭伤严重时因肌肉痉挛引起脊柱生理曲线改变。腰肌扭伤时疼痛可牵涉到下肢，但仅局限在臀部，大腿后部和小腿感觉正常。急性腰部扭伤的患者一般应卧床休息，仰卧在有垫子的木板床上，腰部垫一薄枕，以便放松腰肌，也可以与俯卧位交替，避免受伤组织受牵扯和受凉，以利修复。轻度扭伤需休息2 ～ 3天，较重者需休息一周左右。

伤后即可进行穴位按摩或针灸，在人中、肾俞、大肠俞、委中等穴位上施以手法，以产生较强的气感，一般都能止痛并使腰部活动度增加。此外，急性腰部扭伤后还应配合外贴活络止痛膏，内服活络止痛药以及拔罐、针灸、理疗，局部注射泼尼松等方法，以取得更好的疗效。

七、掌骨骨折及其处理

在散打运动中，常见的是通过掌腕关节的拇指掌骨基底部骨折和第五、第二掌骨颈部骨折。运动员戴拳套而又没捆好保护绷带，或在空手进行练习时，如果掌骨沿纵轴受到暴力打击，就会发生此类骨折。如果运动员用勾手拳以拇指击中对方时，常导致通过掌腕关节的拇指掌骨基底部骨折；以直拳击中对方，常会产生第五、第二等掌骨颈部骨折。

通过掌腕关节的拇指掌骨基底部骨折，应急送医院复位处理。应该注意的是此类骨折复位容易而固定困难，常因复位后再脱位或固定不理想，结果形成一个疼痛僵直的关节，结果手指活动受限。因此，在X射线摄影检查复位满意后，应制动5周，以确保痊愈，否则应在石膏上加粗铁丝，将拇指做持续牵引固定。掌骨颈骨折复位容易，复位后应将伤指固定于90度屈曲位，石膏固定3周便可。

八、足部跖骨骨折及其处理

散打运动中的跖骨骨折，多由直接外力作用在跖骨上引起，如侧鞭腿时足背如果碰到肘尖等处便可导致跖骨骨折。

受伤后，出现疼痛、压痛、足背肿胀、足部不能持重、前脚落地时伤部剧痛。如果足背部有急性外伤史并有骨折征象时，应赤足，在小腿后放一直角夹板，然后用宽带固定膝下、踝上和足部，急送医院处理。伤后患者应停止训练，停训期间应进行患侧踝关节的功能训练。

九、踝关节急性扭伤及其处理

踝关节急性扭伤多为外侧副韧带扭伤，严重时韧带断裂。踝外侧疼痛，疼痛轻重与伤势有密切关系。踝外侧韧带扭伤，患足可以持重，跛行，踝外侧轻度肿胀。踝关节强迫内翻试验可使疼痛加重，踝关节稳定，无异常活动；踝外侧韧带完全断裂，患足不能持重，跳跃式跛行，外踝剧痛，肿胀严重而且范围大，外踝和足背出现皮下瘀斑。踝关节强迫内翻试验时伤处剧痛，同时踝关节不稳和距骨异常活动。踝关节前抽屉试验如果活动范围大，说明踝关节外侧韧带完全断裂。

现场急救处理时立即用拇指压迫痛点止血，同时做强迫内翻试验及踝抽屉试验，检查是否有韧带断裂。如疑有韧带断裂，应立即用大块海绵垫或棉花块压迫包扎，绷带缠绕的方向应与受伤暴力作用方向相反，如外侧副韧带损伤应将踝关节包扎于轻度外翻背屈位，抬高伤肢送往医院。外侧副韧带轻度扭伤，用绷带或粘膏支持带包扎后，外敷新伤药，将踝关节固定轻度外翻位4 ~ 7天。轻度损伤应尽早活动，一般4天后可保持原固定下地走路，并配合按摩、理疗、中药熏洗和踝背伸抬腿练习；外侧副韧带严重扭伤，先加压包扎止血，并用托板将足固定于轻度外翻背屈位，抬高伤肢休息，配合内服活血止痛中药治疗。3天后解除加压包扎材料，继续托板固定，并配合按摩、理疗、外敷与内服舒筋活络中药、针灸等治疗方法，固定制动1 ~ 2周。解除固定后，应继续治疗，积极从事功能锻炼，直至痊愈。

十、膝关节急性损伤及其处理

膝关节构造复杂，关节周围的肌肉和肌腱、内外侧副韧带、前后十字韧带以及内外侧半月板等共同维持其稳定性，是全身易发生运动损伤的关节之一。膝关节急性损伤的表现主要有疼痛、肿胀、压痛、膝关节活动障碍，以及膝关节交锁等。关节交锁常见于半月板部分撕裂、十字韧带断裂、内侧副韧带断裂。其表现为偶然一次膝关节屈伸活动中，突然卡住于半屈伸状态，一些患者在主动活动膝关节时，伴随“咔嗒”一声而再伸直，称为“解锁”。

1. 轻微侧副韧带损伤

疼痛较轻，肿胀不明显，侧向运动试验无异常，无关节屈伸功能障碍的患者，将患膝置于微屈位，制动2 ~ 3天，外敷活血止痛中药。3天后，可开始步行锻炼，用舒活酒按摩治疗；膝关节患处由远心端做轻推按摩，大小腿肌肉用揉捏法。每日练习直膝抬腿及负重直抬腿、抗阻伸膝抬腿2 ~ 3天，总时间约40 ~ 50分钟。

2. 较重侧副韧带损伤

患膝疼痛明显，早期治疗应着重止痛、止血和保护损伤韧带，不进一步加重损伤。可采用棉垫或海绵加弹力绷带加压包扎，再用托板将患膝固定于微屈位后抬高患肢休息。2 ~ 3天后去除包扎材料，开始进行按摩，手法与轻微扭伤同，隔日1次，最好配合外敷和内服活血散瘀、消肿止痛中药或理疗，继续托板固定，并同时开始每日做2 ~ 3次股四头肌静力收缩。伤后10天左右可加大按摩力量，增加按摩手法，增加直膝抬腿练习并逐渐过渡到负重直膝抬腿练习，同时仍可配合外用和内服舒筋活络中药。2 ~ 3周后，解除托板固定，开始练习走路。

3. 十字韧带不完全断裂

先用长腿托板固定患肢于30度6周，固定期间与解除固定后的按摩治疗和功能练习原则上与较重的扭伤相同。

4. 十字韧带和侧副韧带完全断裂

尽量在伤后1周内进行手术缝合。

5. 半月板损伤

由于急性期难以做明确诊断，可按重度扭伤处理，如有“交锁”感，必须“解锁”后才能固定。如是半月板边缘破裂，还有自愈可能。

第三节　散打运动损伤的现场急救及处理

一、休克及骨折、脱臼的现场急救及处理

1. 休克及其相应处理

休克是人体遭受体内外各种强烈刺激后发生的严重全身性综合征。在临床上表现为急性周围循环衰竭为特征，有效循环血量的锐减，导致组织器官的缺氧和代谢紊乱，若不及时抢救，可引起伤员的死亡。

休克常见的原因有：一是骨折、脱位、严重软组织损伤，睾丸挫伤后的剧烈疼痛引起周围血管扩张，使有效循环血量相对减少。这是引起散打运动员休克的主要原因。二是损伤导致大血管破裂，腹部挫伤合并肝脾破裂等大出血引起血容量突然降低，使有效循环血量不足，这种情况较少见。另外，过度疲劳、饥饿、寒冷、酷暑等，是休克发生的重要诱因，并能加重休克程度。

发生休克后，立即让伤员平卧休息，保暖切勿过热，以免皮肤血管扩张，影响生命器

官的血流量并增加机体耗氧量，平卧时采用头高脚低的体位；昏迷患者，应松解衣领，头部侧偏，把舌牵出口外以保持呼吸道通畅，必要时可给氧或人工呼吸，针刺或用手指掐点人中、内关、足三里、合谷等穴位，针刺时用强刺激手法。骨折或脱位的伤员，应做必要的急救固定，伤处有出血时，应及时采取适当的方法止血，疑有内出血的患者，应尽快送医院处理。剧烈疼痛时应给镇痛剂和镇静剂，以减轻痛苦，防止休克加重。

休克是严重而危险的病理状态，在进行现场急救的同时，应迅速请医生处理，或尽快把伤员送往医院。

2. 脑震荡及其相应处理

脑震荡是颅脑损伤中最轻的一种急性闭合性损伤。在散打运动中，头部被重击或被摔时头部着地等很可能导致休克，最常见的是颌骨被重击而休克。脑震荡是脑神经组织被震荡而引起的大脑暂时性意识和机能障碍。

发生脑震荡后，轻者几秒钟，重者也不超半小时。昏迷者全身肌肉松弛无力，意识丧失，脉搏细弱，呼吸表浅，瞳孔放大，神经反射或消失等。常忘记当时受伤的情景，还常伴有头痛、头晕、恶心或呕吐等症状。

脑震荡在现场处理时，可让患者安静、平卧，不可随意搬动或让伤员坐起、站立，头部冷敷，注意保暖。对昏迷者应及时拨打120急救电话，在等待急救车时可掐人中，也可针刺人中、合谷等穴位，对呼吸不畅者可进行人工呼吸。

3. 腹部受到重击及其处理

在散打比赛中，腹部很容易被腿法击中，出现暂时性休克，但此时意识清醒，经过短暂的休息观察后，若很快恢复，则可继续比赛或训练，如仍有不适感觉则要送医院治疗。

4. 颈部受到重击及其处理

在散打比赛中，颈部属于禁击部位，但也常常出现颈部被重拳或重腿击中，颈动脉受震或颈部软组织挫伤而休克现象。颈部受伤后，可出现颈部疼痛，有负重感，转动不灵，局部肿胀、压痛、肌肉痉挛，也会出现瘀斑。

现场急救时，可以采用点穴法、揉捻法、提捏法、推按法、旋转复位等手法进行处理。这些手法对颈部挫伤效果良好，具有消散淤血、清理经络、松弛肌肉，减轻疼痛的功效。在使用手法时要注意手法的轻重，一般以患者能够耐受为度，不可手法过重，以免加重损伤。

5. 睾丸损伤及其处理

在散打运动中，裆部是禁击部位，但常常会出现一些腿法进攻而击中裆部的现象。当睾丸受伤时，伤员感觉疼痛、恶心，严重者出血肿胀、淤血和畸形等。

在出现睾丸损伤进行现场急救时，若伤情不严重，则采用一人抱住伤者腰部，受伤者拖住裆部向上跳的办法进行缓解；若伤情较重，让伤员采取卧位，保持屈膝屈髋体位直到疼痛减轻；在损伤区进行15分钟冷敷。如果进行上述处理20分钟后疼痛无法缓解，睾丸缩入腹腔或出现血尿、蛋白尿，应送医院处理。

6. 骨折及其相应处理

骨折是一种严重创伤，在运动训练和比赛中时有发生。骨折分为闭合性骨折和开放性骨折。运动员受伤后，局部疼痛，功能丧失，出现畸形，有假关节活动或骨擦音，即可做出骨折的临时诊断，应急救处理。

骨折急救时要注意预防休克，若有休克必须先治休克，再处理骨折。骨折后及时用夹板固定，以避免断端移动，防止损伤加重；固定后伤肢较为稳定与安静，可减轻疼痛，且便于伤员转运。因此，未经固定，不可随意移动伤员，尤其是大腿、小腿和脊柱骨折的伤员。出血的伤员，应紧急采用止血方法，有伤口或有骨折端从伤口穿出的伤员，应先清洗创面，再用消毒巾包扎并固定，以免感染。

夹板的长短、宽窄要适宜，使骨折处的上下两个关节都固定。若无夹板时，可用树枝、竹片等代替。夹板要用绷带或软布包垫，夹板的两端、骨突部和空隙处要用棉花或软布填妥，防止引起压迫性损伤。捆扎夹板的绷带或布条应系于骨折处的上下端，固定要牢靠，松紧度适中，过松则失去固定作用，过紧会压迫神经血管。上肢骨折固定后，用悬臂带把患臂挂于胸前，下肢骨折固定后，可把患腿与健腿捆扎在一起。经固定后尽快将伤员送到医院，争取及早治疗。

7. 脱臼及其相应处理

关节面失去正常关系，叫脱位，又称脱臼。外伤性脱位多见于肩、髋、肘、下颌关节。散打运动中最常见的是肩关节脱位，其次是肘关节脱位。在关节发生脱位时，还伴有关节囊撕裂，关节周围软组织牵拉伤，严重时还可伤及神经或伴有骨折。关节脱位使关节骨端脱离了正常的位置关系，关节周围的骨性标志相互关系发生改变，破坏了患肢原有的轴线，整个肢体呈一种特殊的姿势并与健侧不对称，如肩关节脱位时的“方肩畸形”，肘关节脱位时的“靴样畸形”。触摸关节周围也可发现移位时的骨端。

关节脱位时，受伤关节周围出现广泛的疼痛、压痛，组织损伤严重时，出现淤血、肿胀明显，关节失去正常活动功能。习惯性脱位时症状较轻或不明显。关节脱位后，在没有医生或整复技术时，不可随意施行关节整复手术，以免加重关节周围软组织损伤。其急救原则与骨折基本相同。伤后应立即用夹板、绷带或三角带把伤肢固定于脱位所形成的姿势，尽快把伤员送到医院，争取及早复位。

二、外出血的现场急救及处理

1. 运动性鼻出血及其处理

在散打运动中，头面部是有效打击部位和主要打击目标，由于鼻部突出人体面部，故在武术散打运动中头面部尤其是鼻部的损伤屡见不鲜，常见的有单纯外鼻挫伤、鼻出血和鼻骨骨折。其中，鼻出血最为常见。

鼻被击出血后，会出现鼻孔一侧或两侧流血、疼痛、肿胀，有时局部有瘀斑等症状。现场急救时，采取压迫法止血，用拇指、食指捏住鼻翼2 ~ 5分钟，可以止血；同时可做头颈部冷敷，促进血管收缩，减少出血。对于反复出血或出血很多时，需清洁鼻腔积血，找出出血的确切位置，然后用消毒过的凡士林纱布填压在出血部位进行压迫止血。

2. 颞浅动脉出血及其处理

在眼角附近，颞浅动脉及其分支常常会因重击而出血，出血量多且速度快。止血的办法采用指压颞浅动脉止血法进行止血。具体操作是：在伤侧耳前，一只手的拇指对准下颌关节压迫颞浅动脉，另一只手固定伤员头部。止血也可采用伤口加压包扎止血法，即三角巾十字包扎法包扎止血。

第四节　散打运动损伤发生的原因

一、思想上重视不够，缺乏预防损伤的必要知识

散打运动损伤的发生，常与散打训练组织者、指导者和参与者对预防运动损伤的意义认识不足、思想上麻痹大意及缺乏必要的预防知识有关。有些教练员实施训练不系统，缺乏安全意识，不重视安全教育，在训练和比赛中没有积极采取有效的预防措施，发生运动损伤后，也不认真分析原因、总结经验教训，使伤害事故时有发生。

二、缺乏合理的准备活动

准备活动的目的是进一步提高中枢神经系统的兴奋性，增强各器官的功能活动，使人体从相对的静止状态过渡到紧张的活动状态。据国内有关调查资料的分析，缺乏准备活动或准备活动不合理，是造成运动损伤的首位或第二位的原因。散打运动训练在准备活动问题上常存在的如下问题。

1. 准备活动不充分

在散打运动训练中，常用的练习程序是先做一些热身活动，使神经系统的兴奋程度和其他各器官系统的功能活动适度动员起来，然后进入压腿、踢腿、下叉等专项练习。这些练习的动作幅度大、速度快，要求相应的对抗肌不仅具有很好的伸展性，还必须具备及时放松、协调配合的能力。如果准备活动不充分，肌肉的伸展性没得到充分改善，神经系统的兴奋性也较低，对抗肌弹性和伸展性较差，不能及时而充分地放松，进入练习时操之过急，猛踢、猛打、猛拉，就容易发生肌肉和韧带拉伤。

2. 缺乏专项准备活动

充分的准备活动需要结合专项运动来设计，有主有次。没有针对性的准备活动，运动中负担较重的部位没有得到充分的准备时，或者两次训练活动时间的间歇时间较长，运动员忽视进入第二次练习前的准备活动时，或因长时间的停训休息后，消退的专项条件反射性联系尚未恢复时，幅度过大、力量过强、速度过快的动作都会造成关节的韧带扭伤、肌肉拉伤。

3. 准备活动的时间过长、量过大

过长、过大的准备活动后，身体已经出现疲劳，再参加正式运动时，身体的功能水平不是处于最佳状态而是有所下降，此时参加剧烈运动身体容易受伤。

三、技术动作错误

技术动作错误，是违反了人体结构功能的特点及运动时的力学原理而造成的损伤，这是初参加运动训练的人或学习新动作时发生损伤的主要原因。另外，在学习动作时没有掌握正确的动作要领，不注重动作的技术环节，一味追求效果，急于求成，或者过于侧重力量性练习，忽略了柔韧性、灵活性练习，都会导致技术动作失误，导致损伤发生。再次，不必要的精神紧张和疲劳或劳损的肌肉也是形成错误动作的重要原因。

四、运动负荷过大

安排运动负荷时，没有充分考虑练习者的生理特点，运动负荷超过了练习者可以承受的生理负担量，尤其是局部负担过大，引起过度疲劳，酸性物质积累，营养物质不足，肌肉的弹性、伸展性、力量和协调性降低，受到快速牵拉，很容易损伤，即使没发生大的损伤，但长期微细损伤的积累而造成慢性损伤，这也是训练中造成运动损伤的主要原因之一。

五、身体机能下降

在睡眠或休息不好、患病受伤或损伤初愈阶段及疲劳等身体机能下降时，肌肉力量、动作的准确性和身体的协调性显著下降，甚至技术熟练的运动员，在这种情况下也可能发生运动技术错误而引起损伤。同时，随着生理机能下降，运动员警觉性和注意力减退，反应较迟钝，此时参加剧烈运动或练习较难的动作，很容易发生损伤。

六、心理状态不良

运动员参加训练或比赛时的心理状态与运动损伤的发生也有着一定的关系，如运动员心情不好、情绪低落或急躁、训练缺乏自觉性和积极性，思想不集中，兴奋不起来，这时参加训练或比赛，必然容易受伤；心情急躁，急于求成，或者信心不足、胆怯犹豫，或者赛前过于紧张、场上心慌意乱等都会造成运动员自控能力差，常导致损伤发生；运动员好胜心强，好自我表现，不顾主客观条件的可能性，盲目或冒失地进行运动与比赛，或者心理品质训练不够，缺少勇敢、果断、坚毅和胜不骄、败不馁的自控能力时，也常常引起损伤的发生。

七、组织方法不当

在训练中，不遵守循序渐进、系统性和个别对待的原则，实战训练和比赛中分组不合理；在组织方法上，学生过多，教师缺乏及时正确的指导，缺乏保护和自我保护措施；比赛日程安排不当，比赛时间和场地任意更改；允许有病或身体不合格的人参加比赛等，这些都可成为受伤的原因。

八、场地设备缺陷

运动场地不平，有小碎石或杂物；地垫维护不良或年久失修，表面不光滑或有裂缝，或地垫密合不严，边界区有缝隙；缺乏必要的防护用具（如护头、护裆、护腿、护腕、护踝等）。

九、不良气候的影响

气温过高容易引起疲劳和中暑，气温过低易发生冻伤，或因肌肉僵硬，身体协调性降低而引起肌肉韧带损伤；潮湿高热易引起大量出汗，发生肌肉痉挛或虚脱；光线不足、能见度差，影响视力，使兴奋性降低和反应迟钝而导致受伤。

第五节 散打运动损伤的预防措施

一、遵守科学合理的训练原则

散打教学训练应遵守循序渐进原则、全面训练原则、适时恢复原则及个别对待原则等一般训练原则。

散打训练必须遵守身体的适应机制，循序渐进增加负荷的量和强度，不可急于求成，否则容易给运动员的身体带来损失，甚至葬送运动员的运动生涯。同时，不同的训练对象，应安排不同的训练过程。

全面发展的竞技能力不仅是取得好的运动成绩的保证，也是避免运动损伤的法宝。良好的防守意识、精湛的防守技术、过人的抗击打能力等，都可以很好地减少运动损伤的发生。训练一定要贯彻全面发展的原则，既重视技术的全面性，也重视素质的全面性，还有身体不同部位训练的全面性等。适时恢复也是避免身体损伤的重要措施。运动员往往在全身疲劳或身体局部疲劳的情况下更容易损伤。因此，身体在大负荷的训练之后，适时进行恢复，对预防损伤有重要意义。在训练后，应该通过训练学、医学、生物学、营养学等手段促使运动员及时得到充分恢复。

二、加强安全保护意识和自我保护能力

首先要了解避免受伤的重要意义，要有对散打训练在不同情形下受伤可能性的预见能力。例如，抱腿过胸摔可能导致头部着地受伤，鞭腿踢击脚靶、沙袋时腿形不对可能导致脚背受伤，接触性功能训练常常使小腿前部软组织受伤等。

有了良好的安全意识后，针对散打运动的各种安全隐患相应地采取有效保护措施和应对技巧，提高自我保护能力。熟练掌握各种跌倒技巧，使用各种散打运动保护设施，逐渐增加运动强度等都是自我保护能力的组成部分。

加强安全思想意识要重视传统武德教育，传统的武德教育中有不少散打活动中的行为规范，加强安全和组织纪律性教育的内容，让运动者在训练中认真贯彻健康为主的方针，培养团结友爱、互相帮助、互相保护的优良品质。

三、制定严格的训练纪律

为了保证教学训练的顺利进行，在组织教学训练时，必须有严格的训练纪律。所谓训练纪律，指为完成预定的训练计划任务而制订的要求每个运动员必须按训练计划行动的强制性措施。不允许在训练期间嬉戏，也是避免运动损伤的重要措施。散打的许多训练方法手段，不管是个人形式，如空击、打沙包等，还是双人配合形式，如打靶、条件实战、实

战等，身体承受的运动强度都处在高位状态，任何不按要求的行动都可能造成伤害。制定严格的训练纪律，杜绝在训练中嬉戏，不仅是现代散打训练提高竞技能力和避免训练损伤的需要，也是武术技击训练的经验总结，是武德内涵的一部分。

四、认真做好准备活动重视运动后整理活动

在准备活动中，往往会出现以下问题：不做准备活动；准备活动不充分；准备活动内容与训练内容结合得不好；缺乏专项准备活动；准备活动的量过大、过多、时间过长的静力牵伸练习，使肌肉过于放松，也增加受伤的可能；准备活动距比赛、训练的时间过长。

训练课前准备活动必须做到充分、全面、合理。常用的方法手段包括慢跑、关节操、轻松游戏、拉韧带等。准备活动的目的是提高中枢神经系统的兴奋性，特别是克服植物性神经的惰性。根据关节韧带的伸展旋转幅度，由轻到重，由小到大，使肌肉得到充分的血液供应，有利于增强肌肉的力量和弹性。准备活动不能只重视躯干、四肢的大肌肉，而忽视了对较小关节和肌肉的活动。在冷天或热天，情绪兴奋或抑制时，更应该高度重视准备活动。

当大运动量训练后，肌肉、关节、韧带等软组织会出现疲劳和痉挛，为了保持关节灵活和肌肉韧性，运动后要立即进行肌肉的放松练习，拉伸脊柱和下肢，即静力拉伸练习，对消除大负荷运动训练后肌肉疲劳及收缩反射有非常好的效果。大运动量训练后，如果不采取有效措施进行恢复就会导致疲劳的积累，引起过度疲劳和某些局部负荷量的增加，从而引起运动损伤的发生。在条件允许的情况下，可以进行一些人工按摩，配合理疗器械的使用，能够更快地消除疲劳，有助于减少损伤的发生。

五、加强易伤部位的训练

循序渐进地加强易伤部位或相对较弱部位的训练，提高它们的功能，是预防运动损伤的一种积极手段。如预防腰部肌肉的损伤要加强腰部肌肉力量和伸展性练习，预防小腿后群肌肉的拉伤要加强股后肌群的练习，预防大腿后群肌肉的拉伤要加强股后肌群的力量和伸展性的练习，预防髌骨劳损，可采用“站桩”的方法以增强股四头肌和髌骨功能。训练不应只注重肌肉的柔韧性、伸展性的练习，忽视肌肉的力量练习。

六、正确使用相关护具，加强易受伤部位保护

散打运动与其他一些项目相比，本身就存在着更大的运动损伤的可能性。所以，使用专门护具对身体进行必要的保护是十分必要的，还应加强对易伤部位的保护。散打中常用的护具有拳套、护头、护腿、护胸、护齿、护脚背、护裆、护膝、护腕等，使用这些护具能对身体某一部位有一定的保护作用，尤其对颈部、胸部、裆部等抗击打部位进行重点保护，同时对容易受伤的关节等进行必要的保护。

为了发挥护具的最佳作用，运动员应注意护具的选用方法和使用技巧，要选用质地较好的护具和正确地穿戴护具，避免护具本身的安全隐患及其影响技术动作的完成，从而避免运动损伤的发生。

七、保证场地设备的安全

如场地不平或有铁钉、碎玻璃，过硬、过滑、过薄；器械安装不良或不安装，有裂缝或生锈，器械年久失修，安装得不牢固，安放的位置不合理；缺乏保护设备；场地照明条件差、气温过高或过低，这些原因都可能导致运动损伤。

散打运动的技术动作复杂多变，运动员在平时的训练和比赛中，如果场地硬、滑或者凹凸不平以及器械不符合标准都会影响技术动作的发挥，造成一定的损伤。散打运动员进行训练或比赛时使用的场地应该有软垫，软垫上铺有盖单，四周应有保护软垫。使用的护具应该是符合比赛标准的，可是很多运动员在平时的训练中，并没有在标准的场地上进行训练，有的运动员甚至不戴护具进行训练，这就使散打运动员的运动损伤比例比较高。

八、调节良好的身心状态

情绪低落、紧张、害怕等都可以导致肌肉张力增加、动作协调性下降、反应速度减慢，既容易引发一些由于动作不协调而导致的肌肉韧带拉伤、摔伤，也容易由于反应慢而导致的防守不到位的被击伤。

从身体方面来说，运动员通过合理的营养和充分的休息，使体力充沛；通过合理的准备活动，使身体保持在最佳的兴奋状态。从心理方面来说，运动员通过正确的引导，使保持适度的紧张，克服紧张、焦虑、恐惧等消极情绪。调节良好的身心状态，有利于减少或避免运动损伤的发生。

九、加强医务监督

重视医务监督，参加运动训练的运动员都要定期进行体格检查，参加重大比赛的前后，要进行身体的补充检查和复查；对机体检查不合格者，则不允许参加训练；伤病初愈的人参加训练时，应取得医生同意。运动员要做好自我医务监督，身体有不良反应时，要认真分析原因，必要时请医生做医学检查，并采取必要的保护措施，严格掌握运动量，不练习高难度动作。

在训练期间，运动员应重视对身体机能状态进行实时监督。运动员通过测定一些能反映身体机能的生理生化指标，了解身体对训练负荷的合适性以及训练后的身体机能恢复情况，保证每次都在较适宜的运动负荷和体力充沛的情况下训练，避免运动损伤的出现。

第八章
散打运动竞赛组织与裁判

第一节　通则

一、竞赛性质

散打竞赛分为团体比赛和个人比赛。上半年的比赛为散打团体赛，只记团体成绩；下半年的比赛为个人赛，也叫冠军赛（在团体赛中，获各级别前12名的队员方可参加），只记个人成绩。

二、竞赛办法

（1）循环赛、淘汰赛。

（2）每场比赛采用三局两胜制，每局比赛2分钟（青年比赛和少年比赛可采用1分30秒），局间休息1分钟。

三、参赛年龄与资格审查

（1）成年运动员的参赛年龄为18 ～ 40周岁；青年运动员的参赛年龄为16 ～ 17周岁；少年运动员的参赛年龄为12 ～ 15周岁。

（2）只有注册运动员持身份证方可参赛。

（3）运动员必须有参加该次比赛的人身保险证明。

（4）运动员必须出示报到之日前15天内、县级以上医院出具的包括脑电图、心电图、血压、脉搏等指标在内的体格检查证明。

四、体重分级

（1）48公斤级（≤48公斤）
（2）52公斤级（>48公斤～≤52公斤）
（3）56公斤级（>52公斤～≤56公斤）
（4）60公斤级（>56公斤～≤60公斤）
（5）65公斤级（>60公斤～≤65公斤）
（6）70公斤级（>65公斤～≤70公斤）
（7）75公斤级（>70公斤～≤75公斤）
（8）80公斤级（>75公斤～≤80公斤）
（9）85公斤级（>80公斤～≤85公斤）
（10）90公斤级（>85公斤～≤90公斤）
（11）100公斤（>90公斤～≤100公斤）
（12）100公斤以上级（>100公斤）

五、称量体重

（1）运动员经资格审查合格后方可参加称量体重，必须携带本人身份证。

（2）必须在仲裁委员的监督下称量体重，由检录长负责，编排记录员配合完成。

（3）运动员必须按照大会规定的时间到指定地点称量体重。称量体重时，运动员须裸体或只穿短裤（女运动员可穿紧身内衣）。

（4）称量体重先从比赛设定的最小级别开始，每个级别在1小时内称完。在规定的称量时间内体重不符合报名级别时，则不准参加后面所有场次的比赛。

（5）当天有比赛的运动员，须在赛前规定的时间内称量体重。

六、抽 签

（1）由编排记录组负责抽签，由仲裁委员会主任、总裁判长及参赛队的教练员或领队参加。

（2）在第一次称量体重后进行抽签，由比赛设定的最小级别开始。如该级别只有1人，则不能参加比赛。

（3）由各队教练员或领队为本队运动员抽签。

七、服装护具

（1）运动员必须穿中国武术协会认定的武术散打比赛服装及护具。

（2）比赛护具分红、蓝两种颜色，包括拳套、护头、护胸；运动员须自备护齿、护裆和缠手带。护裆必须穿在短裤内，缠手带的长度为3.5 ～ 4.5米。

（3）女子运动员和男子65公斤级及以下级别运动员的拳套重量为230克；男子70公斤级至85公斤级的拳套重量为280克；男子90公斤级及以上级别的拳套重量为330克。

八、比赛礼节

（1）每场比赛开始前介绍运动员时，运动员向观众行抱拳礼。

（2）每局比赛开始前，运动员上台后先向本方教练员行抱拳礼，教练员还礼；运动员之间再相互行抱拳礼。

（3）宣布比赛结果时，运动员交换站位。宣布结果后，运动员先相互行抱拳礼，再向台上裁判员行抱拳礼，裁判员还礼。然后向对方教练员行抱拳礼，教练员还礼。

（4）边裁判员换人时，互相行抱拳礼

九、弃权

（1）比赛期间，运动员因伤病（需有医务监督出具的诊断证明）或体重不符合报名级别不能参加比赛者，作弃权论，不再参加后面场次的比赛，已取得的成绩有效。

（2）比赛时，运动员实力悬殊，为保护本方运动员的安全，教练员可举弃权牌表示弃权，运动员也可举手或主动下台弃权。

（3）不能按时参加称量体重、赛前3次检录未到或检录后擅自离开不能按时上场者，作无故弃权论。

（4）比赛期间，运动员无故弃权，取消本人全部成绩。

十、竞赛中的有关规定

（1）临场执行裁判人员应集中精力，不得与其他人员交谈，未经裁判长许可，不得离开席位。

（2）运动员必须遵守规则和比赛礼节，尊重和服从裁判。在场上不准有吵闹、谩骂、甩护具等任何表示不满的行为。每场比赛未宣布比赛结果前，运动员不得退场（因伤需急救者除外）。

（3）比赛时，教练员只能代表所报名单位，着正装坐在指定位置进行现场指导，并只能带一名队医或助手协助工作。

（4）运动员严禁使用兴奋剂，局间休息时不得吸氧。

第二节　裁判员的组成

一、裁判人员的组成

（1）总裁判长1人，副总裁判长1 ~ 2人，裁判长、副裁判长各1人。

（2）台上裁判员1人，边裁判员3人或5人。根据比赛需要，可设2 ~ 3个裁判组轮流执裁。

（3）记录员、计时员各1人。

（4）编排记录长1人。

（5）检录长1人。

二、辅助裁判人员的组成

（1）编排记录员4人。

（2）检录员4 ~ 6人。

（3）医务监督1人，医务人员2 ~ 5人。

（4）宣告人员1~ 2人。

（5）电子计分系统操作员2 ~ 4人。

（6）仲裁摄像人员2 ~ 4人。

三、裁判人员的职责

1. 总裁判长

（1）负责组织裁判人员学习竞赛规程和规则，研究裁判方法。

（2）检查落实场地、器材、比赛用具及称量体重、抽签、编排等有关竞赛的准备工作。

（3）根据竞赛规程、规则的要求，解决竞赛中的有关问题，但不能修改竞赛规程和规则。

（4）比赛中指导各裁判组的工作，根据需要可以调动裁判人员。

（5）每场比赛，运动员因弃权变动秩序，应及时通知竞赛监督委员会、仲裁委员会、裁判长、编排记录长和宣告员。

（6）裁判组出现有争议的问题，有权做出最后决定。

（7）负责检查裁判人员执行规则的情况。

（8）审核、签署和宣布比赛成绩。

（9）向组委会递交书面总结。

2. 副总裁判长

副总裁判长协助总裁判长工作，总裁判长缺席时，可代行总裁判长的职责。

3. 裁判长

（1）负责本组裁判员的学习和工作安排。

（2）比赛中监督、指导裁判员、计时员、记录员的工作。

（3）台上裁判员有明显错判、漏判时，鸣哨提示改正。

（4）根据场上运动员的情况和记录员的记录，处理优势胜利、下台、处罚、强制读秒等有关规定事宜。

（5）当比赛结果出现反判时，在宣布结果前征得总裁判长同意后可以改判。

（6）每局比赛结束后，宣告评判结果。

（7）每场比赛结束时，审核、签署比赛成绩。

4. 副裁判长

协助裁判长的工作，根据需要可以兼任其他裁判员的工作。

5. 台上裁判员

（1）检查场上运动员的护具，保证安全比赛。

（2）用口令和手势指挥运动员进行比赛。

（3）评判运动员倒地、下台、犯规、消极、读秒、临场治疗等有关事宜。

（4）宣布每场比赛结果。

6. 边裁判员

（1）根据规则评判运动员的得分。

（2）每局比赛结束后，根据裁判长信号，同时、迅速显示评判结果。

（3）客观回答台上裁判员对比赛情况的询问。

（4）每场比赛结束，在记分表上签名并保存，以备检查核实。

7. 记录员

（1）赛前认真填写每对运动员的记录表。

（2）参加称量体重并将每名运动员的体重填入每场比赛的记录表。

（3）根据台上裁判员的口令和手势，记录运动员警告、劝告、下台、消极搂抱、消极5秒、强制读秒的次数。

（4）记录边裁判员每局的评判结果，确定胜负后报告裁判长。

8. 计时员

（1）赛前检查铜锣、计时钟，核准秒表。

（2）负责比赛、暂停、读秒、局间休息的计时。

（3）在无电子计分系统的情况下，每局赛前10秒钟鸣哨通告，并在每局比赛结束鸣锣通告。

9.编排记录长

（1）负责运动员资格审查，审核报名单。

（2）负责组织抽签，编排出场表。

（3）准备竞赛中所需要的表格，审查核实成绩、录取名次。

（4）登记和公布各场比赛成绩。

（5）统计和收集有关材料，汇编成绩册。

10.编排记录员

根据编排记录长分配的任务进行工作。

11.检录长

（1）负责称量运动员体重。

（2）负责护具的准备与赛中管理。

（3）赛前20分钟负责召集运动员检录。

（4）检录时，如出现运动员不到或弃权等问题，及时报告总裁判长。

（5）按照规则的要求，检查运动员的服装和护具。

（6）负责获奖运动员的检录。

12.检录员

根据检录长分配的任务进行工作。

13.宣告员

（1）摘要介绍竞赛规程、规则和有关的宣传材料。

（2）介绍裁判员、运动员。

（3）宣告比赛结果。

14.医务监督

（1）审核运动员《体格检查证明》。
（2）负责赛前对运动员进行体检抽查。
（3）负责临场伤病的治疗与处理。
（4）负责因犯规造成运动员受伤情况的鉴定。
（5）发现运动员因伤病不宜参加比赛时，应及时向总裁判长提出停赛建议。
（6）配合兴奋剂检测人员检查运动员是否使用违禁药物。

15.电子计分系统操作员

负责与电子计分系统操作的相关工作。

16.仲裁摄像人员

按照竞赛规则要求，负责所有场次比赛的摄录工作。

第三节　散打比赛规则

一、可用方法

可以使用武术的拳法、腿法和摔法。

二、禁用方法

（1）用头、肘、膝攻击对方或迫使对方反关节的技法。
（2）用迫使对方头部先着地的摔法或有意砸压对方。
（3）用任何方法攻击倒地一方的头部。
（4）青少年比赛可禁止运动员使用腿法击打对方头部或用拳法连续击打对方头部。

三、得分部位

头部、躯干、大腿。

四、禁击部位

后脑、颈部、裆部。

五、得分标准

1.得2分

（1）一方下台,对方得2分。
（2）一方倒地，站立者得2分。
（3）用腿法击中对方头部、躯干得2分。
（4）用主动倒地的动作致使对方倒地，而自己顺势站立者，得2分。
（5）被强制读秒一次，对方得2分。
（6）受警告一次，对方得2分。

2.得1分

（1）用拳法击中对方头部、躯干得1分。
（2）用腿法击中对方大腿得1分。
（3）先后倒地，后倒地者得1分。
（4）被指定进攻后5秒钟内仍不进攻时，对方得1分。
（5）主动倒地3秒钟不起立，对方得1分。
（6）受劝告一次，对方得1分。

3.不得分

（1）方法不清楚，效果不明显，不得分。
（2）双方下台或同时倒地，不得分。
（3）用方法主动倒地，对方不得分。
（4）抱缠时击中对方，不得分。

六、犯规与罚则

1.技术犯规

（1）消极搂抱对方。
（2）消极逃跑。
（3）处于不利状况时举手要求暂停。
（4）有意拖延比赛时间。
（5）比赛中对裁判员有不礼貌的行为或不服从裁判。

(6) 上场不戴或吐落护齿，有意松脱护具。
(7) 不遵守规定的比赛礼节。

2.侵人犯规

(1) 在口令“开始”前或喊“停”后进攻对方。
(2) 击中对方禁击部位。
(3) 以禁用方法击中对方。
(4) 故意致使对方的伤情加重。

3.罚则

(1) 每出现一次技术犯规，劝告一次。
(2) 每出现一次侵人犯规，警告一次。
(3) 侵人犯规达3次，取消该场比赛资格。
(4) 故意伤人，取消其比赛资格，所有成绩无效。
(5) 使用违禁药物或局间休息时吸氧，取消比赛资格，所有成绩无效。

七、暂停比赛

(1) 运动员倒地（主动倒地除外）或下台时。
(2) 运动员犯规受罚时。
(3) 运动员受伤时。
(4) 运动员相互抱缠超过2秒而不能产生摔法效果时。
(5) 运动员主动倒地超过3秒时。
(6) 运动员被指定进攻后达5秒钟仍不进攻时。
(7) 运动员举手要求暂停时。
(8) 裁判长纠正错判、漏判时。
(9) 场上出现问题或险情时。
(10) 因灯光、场地、电子计分系统故障等客观原因影响比赛时。

第四节　胜负与名次评定

一、胜负评定

1.优势胜利评定

（1）比赛中，双方实力悬殊，台上裁判员征得裁判长同意，判技术强者为该场胜方。

（2）比赛中，被重击倒地不起达10秒（侵人犯规除外），或虽能站立但知觉失常，判对方为该场胜方。

（3）一场比赛中，被重击强制读秒达3次（侵人犯规除外），判对方为该场胜方。

（4）一局比赛中，双方运动员得分相差达12分时，判得分多者为该场胜方。

2.每局胜负评定

（1）每局比赛结束时，依据边裁判员的评判结果，判定每局胜负。

（2）一局比赛中，受重击被强制读秒2次（侵人犯规除外），对方为该局胜方。

（3）一局比赛中，2次下台，对方为该局胜方。

（4）一局比赛中，双方出现平局时，按下列顺序判定胜负：

①受警告少者为胜方。

②受劝告少者为胜方。

③当天体重轻者为胜方。

如上述三种情况仍相同，则为平局。

3.每场胜负评定

（1）一场比赛中，先胜两局者为该场胜方。

（2）比赛中，运动员出现伤病，经医务监督诊断不能继续比赛者，判对方为该场胜方。

（3）比赛中，经医务监督确诊为诈伤者，判对方为该场胜方。

（4）因对方犯规而受伤，经医务监督检查确认不能继续比赛者，为该场胜方，但不得参加后面所有场次的比赛。

（4）循环赛时，一场比赛中如获胜局数相同，则为平局。

（5）淘汰赛时，一场比赛中如获胜局数相同，按下列顺序决定胜负：

①受警告少者为胜方。

②受劝告少者为胜方。

如仍相同，则加赛一局，依次类推。

二、名次评定

1.个人名次

（1）淘汰赛时，直接产生名次。

（2）循环赛时，积分多者名次列前，若两人或两人以上积分相同时，按下列顺序排列名次：

①负局数少者列前。

②受警告少者列前。

③受劝告少者列前。

④体重轻者列前（以抽签体重为准）。

上述四种情况仍相同时，名次并列。

2.团体名次

（1）名次分.

①各级别录取前八名时，分别按9、7、6、5、4、3、2、1的得分计算。

②各级别录取前六名时，分别按7、5、4、3、2、1的得分计算。

（2）积分相同时的处理办法。

两个或两个以上的团体分数相同时，按下列顺序排列名次：

①按个人获第1名多的队名次列前；如再相同时，按个人获第2名多的队名次列前，依次类推。

②受警告少的队名次列前。

③受劝告少的队名次列前。

如以上几种情况仍相同时，名次并列。

第五节　编排与记录

一、编排

1.编排原则

（1）以竞赛规程、报名人数和比赛的总时间为依据。

（2）同一级别、同一轮次的比赛应相对集中安排，条件要均等。

（3）一名运动员一天最多安排两场比赛。

（4）同一单元的比赛由体重轻的级别开始。

2.种子选手的设定

（1）种子选手及人数根据竞赛规程确定。
（2）变动级别的运动员不能定为种子选手。
（3）种子选手不参加抽签，其名次顺序对应轮次表中的号码。
（4）种子选手名次并列时，抽签决定其位置。

二、记录

（1）边裁判员根据得分标准和台上裁判员的判罚，记录运动员的得分，每局比赛结束后将运动员的得分填入记分表中。

（2）记录员将劝告、警告、下台、消极搂抱、消极5秒、强制读秒分别进行记录。

（3）循环赛制时，编排记录组根据每场比赛的结果在记分表中为胜方计2分，负方计0分，平局时各计1分。因对方弃权获胜时，计2分，弃权者计0分。

第六节　如何理解和执行规则中的有关条款

一、下台与下台无效

一方下台：是指一方运动员在比赛中，身体的任何部位支撑了台下的保护垫或场地。

二、下台无效

（1）双方或一方运动员在台上裁判员喊停之后下台。
（2）一方先倒地后二次发力把对方掀（推）至台下。
（3）一方下台时，没有与台上运动员完全脱离。
（4）双方先后倒地没有分离，后倒地一方支撑了台下。

三、读秒

一般可分为两种：一种是因对方犯规而有可能造成伤害，为保障运动员的安全进行的读秒；另一种是运用合理的方法重创对方运动员，使其不能马上继续比赛，为保障其安全进行的强制性读秒。读秒时，台上裁判员须迅速靠近被读秒的运动员，清楚地观察其面部表情，并且所处位置要以不挡住裁判长的视线为宜。

四、主动倒地

主动倒地是指两脚以外的其他身体部位需要先支撑台面后才能使用方法，或使用方法后必须倒地的进攻方法。运动员使用这类动作时，台上裁判员要充分准确地分辨出是否是主动倒地。主动倒地必须是自己处于正常平衡的姿势时使用的一种进攻或防守反击的方法。如自己身体已经失去平衡，但为了躲避打击顺势倒地，而又不能衔接合理的进攻方法，则不能视为主动倒地。

五、击中

是指运动员使用允许的方法，打到对方的得分部位后产生相应的效果。至于如何判定“击中”，一般从以下四个方面入手：

（1）看进攻，进攻动作清晰、击中点准确。

（2）看防守，击中时没有相应的防守动作或击中在先防守动作在后。

（3）看位移，击中后产生的位移现象。

（4）听声音，击中对方后发出清脆或者沉闷的响声。

在评判过程中，可以从四个方面同时入手，也可以从其中的某一两个方面入手，主要根据实际情况而定。

六、方法不清楚，效果不明显

是指运动员完成动作时的质量和效果均不符合击中的要求。运动员使用方法进攻时，因进攻时机不对或己方处于被动状态而勉强出动作，虽然打到了对方，但是没有造成击中的效果。

七、指定进攻

台上裁判员发出“开始”的口令后，一方运动员主动向前移动伺机进攻，另一方运动员消极后退而不采用任何进攻或反击动作的行为。一般情况下，运动员都会在8秒钟内进攻。因此，台上裁判员一定要养成“默计时间”的习惯，一旦出现某方运动员消极，就用“指定进攻”手势指定某方运动员进攻。

八、抱缠时击中对方不得分

是指一方运动员抱住另一方运动员后，或者在双方互相搂抱的过程中击打对方，尽管是有效部位但仍不予计分。

九、有意拖延比赛时间

是指运动员在局间休息后回到场上拖拖拉拉，或倒地后故意磨蹭不迅速起来，或有意借故整理护具等。凡此类情况均视为“有意拖延比赛时间”，作为技术犯规处理。

十、计分

是指边裁判员根据运动员使用的不同方法，击中的不同得分部位，产生的不同效果和台上裁判员的不同判罚情况，按照得分标准及时记录运动员的得分。然而，有以下两种情况应注意：

（1）击中部位可能是不同分值的交接点，也可能是得分与不得分的交接点，现一律按下限取值。也就是说，如击中2分与1分的交接点，按1分取值。如击中得分与不得分的交接点，则按不得分取值。

（2）使用同一个动作产生分值不同的效果，则以上限取值。

第七节　场地和器材

散打比赛场地为高80厘米、长800厘米、宽800厘米的木结构的台，台面上铺有软垫；软垫上铺有盖单，台中心画有直径120厘米的中国武术协会的会徽。台面边缘有5厘米宽的红色边线，台面四边向内90厘米处画有10厘米宽的黄色警戒线。台下四周铺有高30厘米、宽200厘米的保护软垫。散打练习与比赛器械包括：护具、沙袋、手靶、脚靶等。护具包括：拳套、护头、护胸、护裆、护齿等。

参考文献

[1] 中国武术散手编写组.中国散手[M].北京：人民体育出版社，1990.

[2] 全国体育院校教材委员会审定.中国武术教程：上册[M].北京：人民体育出版社，2003.

[3] 全国体育院校教材委员会审定.中国武术教程：下册[M].北京：人民体育出版社，2003.

[4] 朱瑞琪.武术散打教程[M].北京：北京体育大学出版社，2012.

[5] 朱瑞琪.武术散打技术理论与裁判[M].北京：人民体育出版社，2015.

[6] 崔建功.武术散打运动教程[M].北京：北京体育大学出版社，2016.

[7] 肖春明. 武术散打身体素质的基础知识及训练方法[J]. 内蒙古师范大学学报（哲学社会科学版），2004（S1）：56–59.

[8] 贾宇龙. 浅谈散打运动中的防守反击战术[J].科技信息（学术研究），2007（24）：222.

[9] 黄延复. 李剑秋与清华早期武术教学[J].体育文史，1994（4）：17–19.